KB037490

개인 심리학에 관한
아들러의 생각

개인 심리학에 관한 아들러의 생각

초판 1쇄 발행   2017년 3월 31일
초판 2쇄 발행   2021년 10월 15일

원제   The Practice and Theory of Individual Psychology
지은이   알프레드 아들러
옮긴이   정명진
펴낸이   정명진
디자인   정다희
펴낸곳   도서출판 부글북스
등록번호   제300-2005-150호
등록일자   2005년 9월 2일

주소   서울시 노원구 공릉로63길 14, 101동 203호(하계동, 청구빌라)
                 (139-872)
전화   02-948-7289
팩스   02-948-7269
전자우편   00123korea@hanmail.net

ISBN   979-11-5920-054-0(03180)

개인 심리학에 관한
아들러의 생각

알프레드 아들러 지음 정명진 옮김

차례

책을 내면서

개인 심리학은 지금 특별한 주제를 가진 확고한 하나의 과학으로 자리 잡고 있으며, 거기엔 어떠한 절충도 허용되지 않는다. 이 같은 비타협적인 태도는 개인 심리학의 창설자의 태도나 의도에서 비롯되는 것이 아니라 심리적인 현상들을 서로 연결된 것으로 다루는 데 따르는 논리에서 비롯된다.

개인 심리학자들은 개인 심리학이 확립한 인간 심리의 근본 원리들을 바꾸는 데 절대로 동의하지 않을 것이며 그 원리들 대신에 다른 것을 채택하는 일에도 마찬가지로 동의하지 않을 것이다. 그리고 개인 심리학자들은 정신생활의 다른 측면들에 대한 조사를 끝낸 뒤에 성적인 요소들을 특별히 조사할 필요성을 전혀 느끼지 않을 것이다. 개인 심리학은 조사 과정에 심리의 범위 전체를 두루 살피게 되며, 그 결과 그 사람의 인격을 구성하고 있는 모든 것들을 상세히 묘사할 수 있다.

개인 심리학자들은 심리학 분야의 선임자들에게 최고의 존경과 찬사를 보내며, 개인 심리학의 성취에 대해선 단지 선배들의 놀라운 직관들을 하나의 과학으로 발전시킨 것 정도로만 생각하고 있다. 동시에 개인 심리학자들은 지금까지 심리학 관련 문헌에 표현된 적이 한 번도 없는 그런 근본적인 원리들을 다듬어낸 사실에 대해선 겸허한 마음으로 공(功)을 요구하고 싶다.

이렇게 말한다고 해서, 개인 심리학자들이 개인 심리학의 추가적 발전을 염두에 두고 있지 않다는 뜻은 절대로 아니다. 지금 개인 심리학자들은 인격의 통일성을 뒷받침할 명확한 증거를 제시하려고 노력하고 있다. 이론의 여지가 전혀 없는 그런 증거를 제시하길 원하고 있는 것이다.

개인 심리학자들은 또한 인간 정신에 나타나는 일탈 중에서 가장 기이한 일탈의 원인을 찾아 정신생활을 거꾸로 추적해 들어가면서, 개인이 현실에 제대로 적응하지 못하게 만드는 특성들을 찾아내는 일에도 가장 빨리 성공했다. 심리학 교과서들을 보면 무의식의 의미를 밝히려는 노력이 펼쳐지고 있고, 그 결과 무의식이 이미 몇 가지 차원으로 구분되고 있으며 각각의 무의식은 '무지의 망명지' 역할을 할 수 있는 것으로 여겨지고 있다.

개인 심리학은 환자가 사회적 환경과의 관계 속에서 자신의 충동을 제대로 이해하지 못하는 이유를 주로 무의식 속에서 찾는다. 개인 심리학의 초기 결론들을 바탕으로, 꿈에 대한 해석도 더욱 명확해졌다. 꿈은 우월을 이루려는 욕구에 맞춰 문제를 보도록 하는 준비 작업으로 해석될 수 있다. 꿈의 표현 수단은 당연히 비유이다.

　병을 치료하는 가장 중요한 장치의 하나로, 개인 심리학은 신경 증적이거나 도착(倒錯)적인 행동을 가능하게 하는 습관적인 삶의 유형을 '제거'하는 방법을 갖고 있다. 이는 비사회적인 행동의 원인과 그에 대한 변명으로 쾌락과 고통이 아무런 가치를 지니지 않는다는 점을 보여주고 있다.

　모든 형식의 신경증과 발달상의 실패는 열등과 실망의 표현이라는 개인 심리학의 주장은 당연히 확고한 근거를 갖고 있다. 만일 근거의 기준이 질병들을 치료하는 데 성공하는 것이라면, 개인 심리학은 실제 응용을 통해서 검증을 확실히 거쳤다고 말할 수 있다.

　개임 심리학을 배우려는 학생을 격려하기 위해, 나는 지금 개인 심리학자들은 첫 번째 면담에서 환자의 정신에 근본적으로 잘못된 부분을 명확히 파악할 수 있게 되었다는 사실을 강조하고 싶다. 그리고 치료에 이르는 길은 지금 활짝 열려 있다.

1923년 10월
알프레드 아들러

chapter **1**

개인 심리학의 전제와 결과

심리학자들을 대상으로 각자의 견해와 이론을 조사해 보면, 심리학자들이 연구하고 있는 분야와 연구하는 방법의 본질에 어떤 특이한 한계가 한 가지 보인다. 심리학자들은 마치 인류의 경험과 지식을 연구 대상에서 의도적으로 배제해야 하는 것처럼, 또 직관뿐만 아니라 예술적이고 창조적인 상상력에도 어떠한 가치나 중요성을 부여해선 안 되는 것처럼 행동하고 있다.

실험 심리학자들은 반응의 유형을 결정하기 위해 현상을 수집하고 고안한다. 더 정확히 말하면, 정신생활의 생리학에 관심을 두고 있다는 뜻이다. 그런 한편, 다른 심리학자들은 온갖 형식의 표현과 징후들을 옛날 방식으로, 기껏해야 약간 변형된 체계로 정리한다. 이런 절차를 통해서 심리학자들은 당연히 개별적인 표현들 사이에서 상호 의존성과 연결성을 다시 발견한다. 이 상호 의존성과 연결성은 심리학자들이 정신을 대하는 태도에 애초부터 함축되어 있다.

공식 비슷한 것을 이용해 정신 상태와 생각을 구성해내기 위해, 앞에서 말한 방법을 동원하거나 생리학적 성격을 지닌 개별 현상을 이용하려는 시도가 이뤄지고 있다. 이 관점에서 보면, 연구자 측이 모든 주관적 사고와 주관적 관심을 배제하고 있다는 사실은 하나의 강점으로 여겨질 수 있다. 그럼에도, 실제로 보면 연구자의 주관적 사고와 주관적 관심이 이 연결성의 본질을 좌우하게 된다.

심리 연구에 동원되는 방법과 그 방법이 인간의 마음을 밝히는 준비 작업으로서 지니는 중요성은 오늘날엔 완전히 낡은 것으로 통하는 자연 과학의 유형을 떠올리게 만든다. 엄격한 체계를 갖춘 그런 자연 과학은 현재 살아 있는 현상들과 그 현상들의 변형을 생물학적으로나 철학적으로, 심리학적으로 서로 연결된 전체로 파악하려는 관점들에 의해 대체되고 있다.

심리 현상을 종합적으로 파악하려는 노력은 심리학에서 벌어지고 있는 운동, 즉 내가 "비교 개인 심리학"이라고 부르고 있는 운동의 목표이기도 하다. 이 운동은 개인의 통일성이라는 가설에서 시작해, 통일된 인격의 그림을 확보하고, 이 과정에 얻어진 개별 특성들을 서로 비교하고 함께 녹여 개인의 정신세계를 초상화 그리듯 세세하게 파악하려고 노력한다. 말하자면 그 사람의 특성을 고스란히 담아내려고 노력한다는 뜻이다.

사람의 정신생활을 이런 식으로 보는 것은 결코 특별한 일도 아니고 결코 과감한 일도 아니다. 이런 유형의 접근은 아동 심리 연구에서 특히 더 두드러지고 있다. 물론 아동 심리학에도 다른 연구 방법이 이용되고 있음은 말할 필요가 없다.

어느 사회 할 것 없이, 또 과학의 선입관과는 아무 상관없이, 삶은 언제나 "어디로 향할 것인가?"라는 물음의 제약을 받는다. 그렇기 때문에 사람은 누구나 어떤 사건에 대한 판단을 내릴 때 반드시 자신의 모든 정신적 표현들이 하나로 결합될 어떤 지점, 즉 목표를 고려하게 되어 있다. 필요하다 싶으면, 가상의 목표까지 생각해내기도 한다.

내가 집으로 서둘러 돌아가는 모습을 한 번 그려보자. 나를 지켜보는 관찰자에게 나는 마차와 표정, 걸음걸이, 몸짓 등을 보여줄 것이다. 집으로 돌아가는 사람에게 충분히 예상되는 것들이다.

그럼에도 그때 나에게 일어나고 있는 반사작용들은 관찰자가 예상하는 것과 많이 다를 수 있고, 원인들도 다를 수 있다. 이때 심리학적으로 파악해야 할 핵심적인 사항은 내가 집으로 돌아가면서 지나가게 될 경로이다. 바로 이 경로가 심리학적으로나 실용적으로 다른 그 어떤 것보다 많은 관심을 끈다.

어떤 사람의 목표를 알게 되면, 나는 그 사람에게 벌어질 일까지도 대체로 알 수 있다. 그럴 경우에 나는 연속적으로 일어나는 행동들에 적절한 질서를 부여하고, 그 행동들을 상호 연결 속에서 볼 수 있고, 그 행동들을 바로잡을 수 있는 위치에 설 수 있다. 만일 내가 그 사람이 어떤 행동을 하는 원인과 반사작용, 반응 시간, 반복 능력만을 알고 있다면, 그의 영혼 안에서 실제로 벌어지고 있는 일들은 전혀 파악되지 않을 것이다.

관찰 대상이 되고 있는 사람이 어떤 목표에 방향이 맞춰지지 않고 있다면, 그 사람 본인도 자신이 어떻게 해야 할지를 모르게 된다는 사실을 우리는 반드시 기억해야 한다. 그 사람의 "삶의 노선"을 결정하고 있는 목표를 모르는 한, 그 사람의 반사작용과 관련된 모든 것을 안다 하더라도 그 다음에 일어날 일련의 움직임들에 대해 확실하게 말하는 것은 불가능하다.

어떤 사람이 추구하는 목표를 모르면 그 사람의 행동을 예측하는 것이 불가능하다는 사실은 연상 테스트에서 가장 분명하게 드러난다. 깊은 실망에 빠져 힘들어 하고 있는 사람일지라도 "나무"라는 단어를 듣고 "밧줄"을 연상할 것이라고는 나는 절대로 예상하지 않을 것이다. 그러나 그의 목표가 자살이라는 것을 아는 순간, 나는 그 환자의 생각이 그런 순서로 이어질 것이라고 충분히 예상할 수 있다. 그럴 가능성이 대단히 높기 때문에 나는 그 환자의 주변에서 칼이나 독극물, 무기 같은 것을 치울 것이다.

문제를 더 깊이 들여다보면, 모든 정신적 사건의 발달에 다음과 같은 법칙이 적용된다는 사실이 확인될 것이다. 사람은 어떤 목표를 지각하지 않은 상태에서는 생각도 하지 못하고, 느끼지도 못하고, 의지를 발동하지도 못하고, 행동도 하지 못한다. 왜냐하면 이 세상의 모든 인과관계를 다 동원하더라도 미래의 카오스를 정복하지 못하고 무계획성을 지우지도 못할 것이기 때문이다. 어떤 목표가 없으면, 모든 행위는 통제되지 않은 가운데 더듬는 수준에서 그칠 것이고, 우리의 정신생활은 경제성을 상실할 것이다. 우리는 통합되지 못한 상태에 있을 것이며, 모든 행동이 아메바나 다름없는 수준에 머물 것이다.

정신생활이 어떤 목표를 갖게 될 경우에 현실에 더 잘 적응하게 된다는 사실에 대해서는 어느 누구도 부정하지 못할 것이다. 이 같은 사실은 현실 속에서 쉽게 확인된다. 감금 상태에 있다가 풀려난 어린아이나 여자가 처음 걸음을 걸으려 할 때의 모습을 이 관점에서 지켜보라. 어떠한 이론도 갖지 않은 상태에서 이 문제에 접근하는 사람은 당연히 그 걸음의 깊은 의미를 파악하지 못할 가능성이 있다. 그럼에도 어린아이나 여자가 첫걸음을 떼기 전에 아이나 여자의 행동에 이미 목표가 정해져 있는 것이 사실이다.

이와 똑같은 방법으로, 모든 정신적 활동에도 사전에 결정된 목표에 의해 어떤 방향성이 주어진다는 점을 보여줄 수 있다. 태어나고 나서 정신의 발달이 어느 정도 이뤄지게 되면, 일시적이고 부분적인 것 같은 모든 목표들이 상상 속의 어떤 궁극적인 큰 목표의 지배를 받게 된다. 바꿔 말하면, 어떤 사람의 정신생활은 훌륭한 극작가가 그리는 등장인물처럼 5막에 적합하도록 다듬어진다고 할 수 있다.

따라서 개인 심리학의 관점에서 편견 없이 인격을 연구할 경우에 나올 수 있는 결론들을 바탕으로 다음과 같은 중요한 주장이 가능해진다. 어떤 정신 현상이든 그 사람을 이해하는 방향으로 파악하려면 그 현상을 어떤 목표를 성취하기 위한 하나의 준비로 봐야 한다는 점이다.

어떤 정신 작용을 원래의 맥락에서 떼어놓은 가운데 그 정신 작용 하나만을 놓고 보면 그 의미가 다양하게 해석될 수 있다. 이 같은 사실을 고려한다면, 정신 현상을 어떤 목표 달성을 위한 준비로 보는 관점이 우리의 심리학적 이해를 크게 높여줄 수 있다는 사실이 쉽게 확인된다.

"기억력이 형편없는" 어떤 남자의 예를 보자. 이 환자는 자신의 기억력이 많이 떨어졌다는 사실을 잘 알고 있다. 무의미한 음절들을 이용하는 조사의 결과에서도 그 음절들을 반복해 말하는 능력이 열등한 것으로 드러났다. 현재 심리학에서 이용되고 있는 기준을 근거로 한다면, 다음과 같이 추론해야 한다. 이 남자는 유전적인 이유나 병적인 이유로 기억 능력에 결함이 있어서 고통 받고 있다고. 여기서, 나는 현재 통용되고 있는 검사 방식의 경우에 그 전제 안에 이미 그 같은 추론이 다양한 말로 표현되어 있다는 점을 강조하고 싶다. 예를 들어, 이 남자의 경우에 우리는 다음과 같은 전제를 깔고 있다. 어떤 사람이 기억력이 나쁘거나 겨우 몇 개의 단어만을 기억한다면, 그 사람은 단어를 기억하는 능력이 열등한 것으로 여겨지게 되는 것이다.

개인 심리학에서 밟는 절차는 이와 완전히 다르다. 이 남자의 경우라면, 신체기관에 있을지 모르는 원인들을 완전히 배제한 가운데 이런 질문을 던질 것이다. 이 기억 약화의 목적은 무엇인가? 이 물음에 대한 대답은 이 남자에 대한 모든 것을 다 알고 있을 때에만 가능하다. 말하자면 전체에 대한 이해가 이뤄진 다음에야 부분에 대한 이해가 가능해진다는 뜻이다.

그러면 아마 다른 많은 환자들의 경우와 마찬가지로 이 남자의 경우에도 다음과 같은 결론이 나올 수 있다. 이 남자는 딱 꼬집어 밝힐 수 없거나 무의식에 남아 있는 근본적인 성격을 지닌 어떤 이유 때문에 자신이 구체적인 행위를 수행하지 못하거나 어떤 결정(전직(轉職)이나 공부, 시험, 결혼 등)을 내릴 수 없다는 점을 자기 자신에게나 타인들에게 증명해 보이려 하고 있다.

그렇다면 우리는 이 같은 기억 저하에 어떤 목적이 있다는 것을 확인할 수 있으며, 따라서 기억 저하가 어떤 임무를 떠맡는 것을 저지하는 훌륭한 무기의 역할을 하고 있다는 사실을 확인할 수 있다. 이렇듯, 단어를 기억하는 능력을 테스트할 경우에 개인의 은밀한 삶의 계획 때문에 그런 결함이 나올 수도 있다는 점을 언제나 명심해야 한다.

그렇다면 이제 다시 던져야 할 물음은 그런 결함이나 나쁜 마음이 어떻게 일어나는가 하는 것이다. 이 결함이나 나쁜 마음은 그 사람이 생리에 나타나는 전반적인 허약을 의도적으로 보여주면서 그 허약을 개인적 고통으로 해석하려는 태도 때문에 그냥 "배열"될 수도 있다. 아니면 그 사람이 비정상적인 조건에 처해 있다는 생각에 지나치게 강하게 빠져 지내거나 지나치게 비관적인 예상에 빠져 지닐 때에도 자신이 가진 힘과 주의, 의지력을 온전히 발휘하지 못할 수도 있다.

감정 영역에서도 이와 비슷한 관찰이 나올 수 있다. 일정한 간격을 두고 불안 발작을 일으키는 여성의 예를 보자. 불안 발작 외에 의미있는 것이 발견되지 않는다면, 유전적 퇴화나 혈관운동계의 질병, 미주신경의 병 등의 가설로도 충분할 것이다.

여기서 만일 이 여자 환자의 과거 역사에서 어떤 무시무시한 경험이나 정신적 충격을 안겼을 조건을 발견하고 그것을 불안 발작의 원인으로 돌린다면, 이 환자를 보다 완벽하게 이해하게 되었다는 결론이 가능할 것이다.

그러나 이 여자 환자의 인격을 검사하면서 그녀가 추구하는 방향을 들여다보자마자, 의지력이 과도하게 발휘되고 있고 또 공격 무기의 역할을 하는 불안이 이 의지력과 연결되어 있는 것이 확인되었다. 이 환자의 경우에 이 의지력의 힘이 약해지고 자신이 바라던 반향이 들려오지 않자, 예를 들어 환자의 남편이 아내의 동의를 받지 않고 외출하자, 불안이 곧바로 작동에 들어갔다.

심리학은 개인을 특별히 검사하는 절차를 분명히 요구하고 있으며, 따라서 심리학에선 일반화가 그다지 중요하지 않다. 전반적인 안내를 위해 다음과 같은 규칙을 제시하고 싶다. 어떤 정신적 움직임의 목표나 그 움직임의 계획이 파악되기만 하면, 정신세계를 이루는 각 부분들의 모든 움직임은 그 목표와 삶의 계획과 일치할 것이라는 점이다.

이 공식은 사소한 단서만 붙을 뿐 광범위하게 적용될 것이다. 이 공식은 거꾸로 돌려도 가치를 그대로 지닌다. 제대로 이해된 부분들의 움직임을 서로 결합시킬 경우에 통합적인 삶의 계획과 종국적인 목표를 정확히 그려낼 수 있는 것이다. 따라서 우리는 그 사람의 경향이나 환경, 경험에 대해 걱정할 필요 없이 그의 모든 정신적 힘들이 어떤 방향의 지배를 받고 있다고 주장해도 별 무리가 없다. 또 정신병적인 현상뿐만 아니라 정서와 감정, 사고, 의지, 행동, 꿈의 모든 표현에도 통합적인 삶의 계획이 작용하고 있다고 주장할 수 있다.

아주 간단한 제안으로 다소 '이단적인' 이 주장들을 증명하고 싶다. 경향과 객관적인 경험, 환경보다 더 중요한 것은 환자의 주관적인 평가이다. 그런데 이 주관적인 평가에서 환자와 현실의 관계가 이상하게 뒤틀리는 경우가 자주 있다. 그러나 대체로 열등감의 성격을 지닌 감정을 낳는 이 주관적 평가에서, 상상의 어떤 목표와 삶의 계획이 사고 장치의 무의식적 기술에 따라 생겨나게 된다.

그 동안에 나는 "상황을 파악한" 사람들에 대한 이야기를 많이 했다. 나의 논의가 "이해의 심리학"(psychology of understanding) 혹은 인격의 심리학의 이론가들이 논의하는 내용 만큼이나 짜증나게 했을지도 모르겠다. 이 이론가들은 야스퍼스(Karl Jaspers)의 경우처럼 자신들이 이해한 바를 사람들에게 정확히 보여주려는 바로 그 시점에서 그만 엉망이 되고 말지 않는가.

개인 심리학의 결과를 간단히 논하는 데에도 그럴 위험이 따른다. 개인 심리학이 거둔 결실들을 정확히 보여주려면, 역동적인 삶을 정적인 단어와 그림으로 바꿔야 하고, 통일된 공식을 얻기 위해선 차이를 무시해야 하고, 따라서 결실을 설명하면서 실제 치료에서 엄격히 금지해야 하는 바로 그 실수를 저지르게 된다. 말하자면, 프로이트 학파가 시도한 것처럼 무미건조한 공식을 갖고 개인의 정신세계에 접근하는 잘못을 저지르게 된다는 뜻이다.

이런 현실을 충분히 고려해주길 바라면서, 나는 개인 심리학을 통해서 정신생활을 연구한 결과 중에서 가장 중요하다고 판단되는 것을 전하고 싶다. 내가 설명하고자 하는 정신생활의 역학은 건강한 정신에나 병에 걸린 정신에나 똑같이 유효하다는 사실을 강조하고 싶다. 신경증을 앓는 개인과 건강한 개인을 가르는 것은 신경증을 앓는 개인이 삶의 계획을 보호하고 지키려는 경향을 훨씬 더 강하게 보인다는 점이다. "어떤 목표를 설정하고" 그 목표에 따라 삶의 계획을 조정하는 문제에 관한 한, 신경증 환자와 건강한 개인 사이에 근본적인 차이가 전혀 없다.

그래서 나는 사람들의 일반적인 목표에 대해 논할 것이다. 엄격히 실시된 한 연구는 정신이 우월을 목표로 잡고 있다는 가장 일반적인 전제를 받아들이기만 하면 정신의 다양한 움직임들이 아주 쉽게 이해된다는 점을 보여주고 있다. 위대한 사상가들도 이 같은 사실에 대해 언급했다. 부분적으로는 모든 사람이 그 점을 알고 있다. 그러나 우월 목표는 대부분 신비할 정도로 어둠 속에 깊이 숨어 있으며 광기나 무아경의 조건에서만 전면으로 분명하게 드러난다.

어떤 사람이 예술가가 되기를 원하거나 자신의 직업에서 일인자가 되기를 원하거나 자기 집에서 독재자가 되기를 원하거나 신과 대화를 하길 원하거나 다른 사람들을 모욕하길 원할 때, 혹은 자신의 고통을 세상에서 가장 중대한 것으로 여기며 세상이 거기에 존경을 표하기를 원할 때, 그것도 아니면 이룰 수 없는 이상(理想)이나 옛날의 신을 추구하며 모든 한계와 규범을 무시할 때, 그 사람은 인생길의 모든 굽이에서 우월에 대한 갈망과 자신이 신과 비슷한 존재라는 생각, 마법 같은 자신의 특별한 능력에 대한 믿음 등에 따라 움직이고 있다.

사랑의 관계에서, 그 사람은 파트너에게 권력을 행사하길 바란다. 자신의 목표가 마음속을 떠돌아다니면서 온갖 과장된 예상과 두려움을 떠올리게 하는 가운데 직업을 선택해야 하는 문제 앞에서, 그는 자살에서 모든 장애물 등에 대한 승리를 경험한다. 어떤 대상이나 사람에 대한 통제력을 확보하기 위해, 그는 곧은 선을 따라 용감하고 거만하고 완고하게, 또 모질게 나아갈 수 있다. 아니면 그는 경험을 바탕으로 다른 길이 더 효과적이라고 판단하면서 샛길이나 우회로를 이용하고 복종이나 순종, 겸손 등을 통해 승리를 얻으려 할 것이다. 어떤 길을 걷든, 그의 성격의 어떠한 특징도 독립적으로 존재하지 못할 것이다. 왜냐하면 성격의 특징들도 그 사람 개인의 삶의 계획에 적응되어 있기 때문이다.

이따금 이상한 모습으로 나타나는 완벽한 우월이라는 목표는 현실 세계라는 바탕 위에 세워지지 않는다. 본질적으로 이 목표는

"허구"와 "상상"의 범주에 속하게 되어 있다. 이와 관련해, 독일 철학자 한스 파이힝어(Hans Vaihinger)는 이 목표의 중요성은 목표 자체를 놓고 보면 아무런 의미를 지니지 않는데도 실제로 엄청난 영향을 발휘하게 된다는 사실에 있다고 말한다. 매우 정확한 해석이다. 우리 환자에게도 그대로 적용되는 말이다.

우월이라는 목표는 현실적인 관점에서 보면 너무나 터무니없어 보이지만 지금까지 우리의 삶을 규정지어 왔고 앞으로도 규정짓게 될 최고의 요소라고 할 수 있다. 우리에게 구별하는 것을 가르치고, 우리에게 평형감과 안전감을 주고, 우리의 품행과 행위를 결정하고, 우리의 정신이 앞을 보면서 정신 자체를 완벽하게 하도록 강요하는 것이 바로 이 목표이다. 당연히, 이와 반대되는 측면도 있기 마련이다. 왜냐하면 이 목표가 우리의 삶 속으로 적대적이고 전투적인 경향을 불어넣고, 우리로부터 감정의 소박함을 빼앗고 현실을 힘으로 누를 생각을 품게 함으로써 언제나 우리가 현실에서 벗어나도록 하기 때문이다.

신처럼 되겠다는 목표를 진지하게 받아들이는 사람은 누구나 삶속에서 또 하나의 삶을 추구함으로써 현실 생활로부터 달아나면서 타협하게 될 것이다. 운이 좋은 경우에는 예술 쪽으로 달아나겠지만, 대체로 보면 위선적인 신앙이나 신경증 혹은 범죄로 달아나게 된다.

여기서 나는 구체적인 예를 제시할 수 없다. 이처럼 평범을 초월하려는 목표의 흔적은 모든 개인의 내면에서 약간씩 발견된다. 가끔은 그 흔적이 사람의 행동거지에서도 발견되고, 또 가끔은 사람의 요구와 기대에서만 발견되기도 한다. 희미한 기억이나 공상, 꿈 같은 것에서 그런 흔적이 나타나는 경우도 간혹 있다.

일부러 찾고 나서면, 그 흔적이 잘 잡히지 않을 수 있다. 그러나 모든 육체적 및 정신적 태도는 평범을 넘어서겠다는 목표의 기원이 권력에 대한 욕망에 있다는 점을 분명히 보여주고 있으며, 그 태도 안에 어떤 완벽성과 무오류성이라는 이상을 담고 있다. 신경증의 범주 안에 드는 환자들을 보면, 환경에 맞서 자신을 강화하거나 과거의 죽은 사람이나 영웅에 맞서 자신을 강화하려는 태도가 확인된다.

이 해석이 정확한지 여부를 테스트하는 것은 아주 쉬운 일이다. 만일 모든 사람이 내면에 우월의 이상을 갖고 있다면, 우리는 다른 사람들을 억압하고 경시하고 과소평가하려는 목적을 가진 현상을 어디서나 접하게 될 것이다. 불관용과 독단, 시기, 기만, 자화자찬, 불신, 탐욕 같은 성격적 특징들, 간단히 말해 분투를 대체할 수 있는 모든 태도들은 사실 자기 보존에 필요한 것보다 훨씬 더 멀리 나가고 있다.

이와 비슷하게, 최종 목표를 추구할 때의 그 열성과 자신감에 따라, 자긍심과 경쟁심, 용기, 그리고 타인을 구조하거나 지도하려는 태도가 한꺼번에 나타나거나 따로 나타나는 것도 확인된다. 심리학적 연구는 매우 엄격한 객관성을 요구하기 때문에 도덕적 평가도 연구를 방해하지 못할 것이다. 실제로, 다양한 수준의 성격적 특징들이 사람들의 선의(善意)와 불만을 중화시키고 있다.

최종적으로, 이 적대적인 특징들이 특히 신경증 환자의 경우에 종종 숨겨지기 때문에, 그런 특징들을 갖고 있는 사람이 자신에게로 관심이 쏠릴 때 당연히 놀라게 되고 짜증을 내게 된다는 점을 기억해야 한다.

예를 들어 보자. 두 아이 중에서 나이가 많은 아이는 반항과 고집을 통해서 가족 안의 모든 권력을 자신에게로 집중시키려고 노력하면서 꽤 불편한 상황을 일으킬 수 있다. 반면에 나이가 어린 아이는 이보다 더 영리한 길을 추구하면서 복종의 모델이 되어 가족의 우상이 되고 동시에 자신의 모든 소망을 이루는 데 성공한다. 그러다 야망이 이 아이를 더욱 자극함에 따라, 종속하려는 의지가 파괴되고 병적인 충동이 나타난다. 이 아이가 이렇게 변하면, 부모의 명령이 무효화된다. 부모가 보기엔 아이가 여전히 복종하려고 노력하고 있는 것 같은데도 그런 이상한 현상이 나타나게 된다.

따라서 우리는 여기서 복종 행위가 강박적인 어떤 생각에 의해 즉시 무효화되고 있는 것을 확인하고 있다. 또 한 아이가 다른 아이와 똑같은 목표를 달성하기 위해 우회적인 경로를 택하고 있는 것도 확인하고 있다.

이 대목에서 잠시 길을 벗어나서, 나는 인간의 본성을 아는 모든 사람들이 오래 전부터 품고 있는 인식에 대해 동의의 뜻을 밝히고 싶다. 사람의 두드러진 태도는 그 기원을 따지고 거슬러 올라가면 모두 어린 시절까지 닿는다. 말하자면, 사람의 미래의 태도는 전부

육아실에서 형성되고 준비된다는 뜻이다. 그러기에 훗날 사람의 태도에 근본적인 변화를 주려면 엄청난 자기성찰이 반드시 필요하다. 신경증 환자의 경우라면 의사가 개인 심리학을 바탕으로 분석하고 들어가야만 태도 변화가 가능해진다.

또 다른 예를 바탕으로, 신경증을 앓는 사람이 목표를 설정하는 문제에 대해 더 자세하게 논할 계획이다. 주변에서 아주 흔하게 볼 수 있는 예이다.

탁월한 재능을 가진 이 사람은 다정다감한 태도와 세련된 행동으로 품행이 아주 방정한 소녀의 사랑을 얻었으며 더 나아가 그녀와 약혼까지 하게 되었다. 그러자 그는 약혼녀에게 자신의 교육적 이상을 강요하기 시작했다. 당연히 이 요구가 약혼녀에겐 큰 부담으로 작용했다. 그래도 그녀는 한 동안 잘 참아냈으나 결국엔 관계를 청산함으로써 더 이상의 시련에 종지부를 찍었다.

이어 이 남자가 급격히 허물어지면서 신경증 발작을 일으켰다. 그를 개인 심리학을 바탕으로 조사한 결과, 그가 약혼자에게 제시한 가혹한 요구가 암시하듯이, 이 환자의 경우엔 우월 목표가 오래 전부터 그의 마음에서 결혼에 관한 모든 생각을 지우도록 했으며, 따라서 그의 목표가 파혼 쪽으로 은밀히 작용하고 있었다는 사실이 확인되었다. 이유는 결혼 생활에서 상상되는 공개적인 갈등을 감당할 수 없다는 느낌이 강하게 들었기 때문이다.

이 남자가 자신에게 품었던 불신은 어린 시절 초기에 시작되었다. 그 시기에 외동아들이었던 그는 일찍 미망인이 된 어머니와 함께 다소 세상과 담을 쌓은 채 살았다. 그때 가족들 사이에 다툼이 계속 이어졌고, 그는 그런 모습을 지켜보면서 자신은 충분히 용감하지 못하고 절대로 여자와 잘 지낼 수 없을 것이라는 인상을 강하게 받았다. 그랬으면서도 그가 그런 사실을 공개적으로 인정하는 경우는 절대로 없었다.

이런 정신적 태도는 영속적인 열등감과 비슷하며, 그 태도가 어떤 식으로 그의 삶을 방해하고 또 그로 하여금 현실의 요구를 충족시키는 방법이 아닌 다른 방법으로 위신을 지키도록 강요하는지는 쉽게 이해된다.

이 환자가 은밀히 독신생활을 준비하면서 목표로 잡았던 것이 성취되었고, 또 싸움과 그에 따른 불편한 관계를 암시하는 평생의 파트너에 대한 두려움이 그의 내면에 일깨웠던것도 성취된 것이 분명하다. 그가 자기 약혼자와 자기 어머니에게 똑같은 태도를, 말하자면 정복하려는 소망을 보였다는 것도 부정할 수 없다. 승리에 대한 욕망에서 생겨난 이 같은 태도를 프로이트 학파는 근친상간의 상황으로 크게 오해했다.

사실은 이 환자와 어머니의 고통스런 관계에 의해 일어난 어린 시절의 열등감이 그로 하여금 훗날 온갖 종류의 보호 수단을 다 동원함으로써 아내와의 갈등을 아예 차단하도록 자극했다. 우리가 사랑을 어떤 식으로 이해하든, 이 특별한 예의 경우에 사랑은 어떤 목표를 위한 수단이며 이 경우에 그 목표는 품행이 방정한 한 여자에 대한 승리를 최종적으로 확보하는 것이다. 여기서 우리는 이 남자가 약혼자에게 지속적으로 시험을 치게 하고 명령을 내린 이유와 약혼을 깨뜨릴 이유를 보고 있다.

이 해결책은 그냥 "일어난" 것이 아니라 정반대로 자기 어머니와의 관계에서 써먹었던 낡은 무기들을 갖고 교묘하게 준비한 것이었다. 결혼 자체가 막아졌기 때문에 결혼생활의 패배는 아예 문제도 되지 않게 되었다.

이 남자의 행동에 개인 심리학자들이 이해하기 힘든 구석은 전혀 없다. 여자를 지배하려 드는 그의 태도에서 단순히 공격성이 사랑으로 포장되고 있는 것이 쉽게 확인되고 있다.

그러나 약혼이 깨어진 뒤에 그가 신경쇠약을 겪는 부분은 약간의 설명이 필요하다. 이 대목에서 우리는 지금 신경증 심리학의 영역으로 들어가고 있다. 여기서 우리 환자는 육아실에서처럼 한 여자에게 패배하고 있다. 그런 경우에 신경증을 앓는 사람은 자신에 대한 보호를 강화하고 위험으로부터 꽤 멀리 물러나게 된다. 우리 환자는 사악한 어떤 기억을 되살리며 죄책감의 문제를 여자에게 불리한 쪽으로 해결하기 위해 신경쇠약을 이용하고 있다. 그러면 그는 미래에 더욱 조심하거나 사랑과 결혼에서 최종적으로 벗어날 수 있을 것이다.

지금 이 남자의 나이는 서른 살이다. 그가 그 고통을 10년이나 20년 쯤 더 젊어지고 가고, 또 그 기간에 잃어버린 이상(理想)을 슬퍼한다고 가정해 보자. 그는 그런 방법으로 지금까지 자신을 모든 사랑 문제로부터 보호해왔고 따라서 새로운 패배로부터 자신을 구할 수 있었다.

　그는 자신의 신경쇠약을 지금 더욱 강력한 무기로 해석하고 있다. 그가 어린 시절에 먹기를 거부하고 자길 거부하고 어떤 행동도 하길 거부하면서 죽어가는 사람의 행세를 하던 때처럼 말이다. 그의 운명은 점점 더 힘들어지고 있고 그의 '연인'은 온갖 오명을 다 덮어쓰고 있지만, 그 자신만은 교양과 성격에서 똑같이 그녀보다 우위에 서 있다. 그렇다면 그는 자신이 갈구했던 것을 획득한 셈이다. 그는 탁월하고 선한 인간이 되고, 그의 파트너는 모든 소녀들처럼 죄 많은 인간이 되었다. 그런 가운데 그는 소녀들은 남자를 제대로 다루지 못하는 존재들이야, 라고 결론을 내린다. 이런 식으로, 그는 어린 시절에 이미 느꼈던 것을, 자신이 여자들보다 우수하다는 점을 보여주는 의무를 완수했다.

　이제 우리는 이 남자가 신경쇠약으로 반응하는 것은 절대로 적절할 수 없다는 것을 이해할 수 있다. 그는 여자들을 비난하는 살아 있는 증거로 세상을 떠돌게 될 것이다.

　이 남자도 자신의 은밀한 계획을 알았더라면 자신의 모든 행동이 대단히 악의적이고 사악하다는 것을 깨달을 수 있었을 것이다. 그러나 그런 깨달음이 있었다면 그가 여자들보다 위에 서는 목표를 이루지 못했을 것이다. 그도 자기 자신을 우리가 그를 보는 것과 똑같이 보았을 것이고, 또 그가 하는 모든 행동이 미리 설정한 목표를 어떤 식으로 이루게 되는지를 보았을 것이기 때문이다. 그의 성공은 "운명"으로 설명될 수도 없고, 위신을 높이는 것으로 여겨질 수도 없다. 하지만 그의 목표와 삶의 계획, 기만이 이런 위신이라도 요구하고 있으니! 그래서 그의 삶의 계획이 무의식에 남는 일이 "일어난다". 그래야만 환자가 오랫동안 준비하고 숙고한 계획이 아니라 냉혹한 운명 때문이라고 믿으면서 자신은 책임이 없다고 편하게 생각할 수 있을 테니까.

신경증을 앓는 사람이 자기 자신과 최종 문제 사이에 두는 "거리"에 대해 여기서 깊이 설명할 수는 없다. 이 환자의 경우에 최종적인 문제는 결혼이다. 다만 나는 "거리"는 "망설이는 태도"와 원칙들, 관점에 가장 분명하게 표현된다는 점만 강조하고 싶다. 이 "거리"의 형성엔 신경증과 정신증이 중요한 역할을 한다. 이 "거리"를 만들어내기 위해 성적 도착과 거기서 비롯되는 온갖 유형의 성적 무능력을 이용하는 경우가 꽤 많다. 그런 남자는 자신에 대해 설명하면서 "if절"을 다수 이용함으로써 삶과 자신을 조화시킨다. "조건만 달랐더라면….

지금까지 논한 내용을 근거로 하면, 우리 학교가 가장 큰 비중을 두고 있는 교육 문제들이 대단히 중요하다는 사실이 확인된다.

이 연구 결과를 근거로 보면, 개인 심리학의 분석도 심리치료의 한 예에서처럼 거꾸로 향할 수 있다는 추론이 가능하다. 먼저 우월 목표를 조사하고, 이 우월 목표를 바탕으로 신경 과민인 환자가 특별히 채택하는 갈등 태도의 유형을 설명한 다음에야 결정적인 정신적 기제의 원천을 조사할 수 있는 것이다.

우리가 이미 설명한 정신 역학의 토대 중 하나는 정신 장치의 예술적 특징이다. 정신 장치는 픽션 창조와 목표 설정이라는 예술적 기술을 이용해 상상 속의 현실 세계에 스스로를 적응시키고 그 세계 속으로 깊이 확장해 들어간다.

이 대목에서, 신과 비슷한 존재가 되겠다는 환자의 목표가 그 사람과 환경의 관계를 적대적인 관계로 바꿔놓는 이유와 그 같은 분투가 공격성 같은 직접적인 경로나 경계심이 암시하는 바와 같이 간접적 경로로 개인을 목표 쪽으로 다가가도록 하는 이유를 설명하고 싶다.

이 공격적인 태도의 역사를 거꾸로 어린 시절까지 더듬어 올라가면, 아이가 육체적, 정신적 발달이 이뤄지는 기간 내내 부모와의 관계와 세상과의 관계에서 열등감을 갖고 있었다는 놀라운 사실을 접하게 된다. 신체기관의 미성숙과 불확실성, 독립의 결여 때문에, 그리고 더욱 강한 본성에 의지해야 할 필요성과 다른 사람에게 종속된다는 느낌 때문에, 아이가 자신에 대해 부적절하다는 느낌을 갖게 되며 이 감정이 평생 동안 이어지게 된다.

이 열등감 때문에 아이는 어린 시절에 끊임없이 초조해 하고, 행동과 역할을 갈망하고, 곧잘 다른 사람들과 힘을 겨루는 태도를 취하고, 정신적 준비만 아니라 육체적 준비도 한다. 아이가 교육을 받을 잠재적 가능성은 바로 아이가 역량이 부족하다고 느끼는 감정에 좌우된다. 이런 식으로, 미래는 아이에게 보상을 안겨줄 땅으로 변하게 된다. 아이의 갈등 태도는 다시 아이의 열등감에 반영되며, 아이는 현재의 부적절한 조건을 영원히 제거해줄 하나의 보상으로 갈등만을 고려한다. 이 갈등은 또 아이가 다른 사람들보다 위에 서는 그런 그림을 그릴 수 있도록 할 것이다. 이리하여 아이는 하나의 목표를, 상상 속의 우월의 목표를 설정하는 단계에 이르게 된다. 이 목표만 달성되면, 아이의 결핍은 풍요로 바뀌고, 종속은 지배로 바뀌고, 고통은 행복과 쾌락으로 바뀌고, 무지는 전지(全知)로 바뀌고, 무능은 예술적 창작으로 바뀔 것이다.

불안감을 더 오래 더 분명히 느끼는 아이일수록 육체적 허약이나 정신적 허약으로 고통을 당할 확률도 더 커진다. 세상이 자신의 일에 무심하다는 것을 깊이 깨달은 아이일수록 목표를 더욱 높이 설정하고 또 거기에 더욱 강하게 집착하게 된다. 아이가 품고 있는 목표의 본질을 알기를 원하는 사람은 아이가 노는 모습을 관찰해야 하고 미래의 직업 선택을 놓고 공상의 나래를 펼 때 유심히 지켜봐야 한다. 이런 현상들에 나타나는 명백한 변화는 그야말로 외적인 변화에 지나지 않는다. 왜냐하면 아이가 새로운 모든 목표에서 미리 결정된 승리를 상상하기 때문이다.

주의력 깊은 관찰자라면 남녀 성별에 따른 역할을 별로 대수롭지 않은 것으로 받아들이는 즉시, 보상작용의 역학의 본질에 꽤 이상한 측면이 있다는 사실을 발견하게 될 것이다. 어떤 개인이 초인적인 목표를 추구하도록 강요하는 것이 남녀 성별에 따른 역할이라는 사실이 확인되는 것이다.

현재의 서구 문명에서 소녀와 젊은이들은 특별한 노력과 책략을 발휘할 것을 강요받고 있다고 느낄 것이다. 많은 소녀와 젊은이들은 틀림없이 진취적인 성향을 갖고 있다. 그들이 이런 진취적인 성향을 지켜나가도록 하는 한편으로, 그들이 길을 잃게 만들고 병에 걸리도록 만드는 샛길들을 찾아내서 무해한 곳으로 만드는 것, 바로 그것이 개인 심리학의 목표이고 또 우리가 의학적 기술의 한계 그 너머까지 멀리 나아가도록 만드는 목표이다.

사회와 아동 교육, 대중 교육이 광범위하게 영향력을 발휘할 그런 어떤 씨앗을 찾는다면, 그 씨앗은 아마 우리의 주제 중에서 바로 이 측면에 있을 것이다. 이 관점의 목표가 현실 감각을 더욱 키우고, 책임감을 키우고, 잠재적 증오를 상호 선의의 감정으로 바꾸는 것이기 때문이다. 그런데 이 목표들은 모두가 사회 복지를 위하는 감정을 의식적으로 높이 평가하고 권력 의지를 의식적으로 파괴할 수 있을 때에만 성취 가능한 것들이다.

아이의 권력 공상을 찾고 있는 사람은 그 공상이 『미성년』(A Raw Youth)이라는 소설을 쓴 도스토예프스키(Fyodor Dostoevsky) 같은 거장의 손에 의해 그려진다는 사실을 발견할 것이다. 나는 나의 환자 한 사람에게서 권력 공상이 노골적으로 나타나는 것을 보았다. 이 사람의 꿈과 생각엔 다음과 같은 소망이 거듭해서 나타났다.

그가 살아갈 공간을 충분히 누리기 위해서 다른 사람들은 모두 죽어야 했다. 그가 보다 유익한 기회를 얻기 위해 다른 사람들은 박탈의 고통을 겪어야 했다. 이 같은 태도는 모든 악의 기원을 이 세상에 사람들이 이미 너무 많다는 사실로 돌리는 많은 사람들의 무분별과 냉혹을 떠올리게 한다. 이런 종류의 픽션 속에서, 앞에 예로든 환자의 경우에 확신의 감정은 자본주의식 거래의 근본적인 사실, 말하자면 한 사람의 형편이 나아질수록 다른 사람의 형편은 더 나빠지는 그런 사실에서 비롯되고 있다. 4세 된 소년은 나에게 "나는 무덤 파는 사람이 될 거예요."라고 말했다. "다른 사람들의 무덤을 파는 사람이 되고 싶어요."

2장

개인 심리학의 실천을 위한
새로운 원리들

* 모든 신경증은 환자가 우월감을 얻기 위해 열등감으로부터 자유로워지려는 시도로 해석될 수 있다.

* 신경증의 경로는 사회적 기능 쪽을 향하지도 않고 또 삶의 문제 해결을 목표로 잡지도 않는다. 신경증은 가족이라는 작은 울타리 안에서 어떤 출구를 찾는다. 그리하여 환자는 고립을 성취한다.

* 큰 규모의 사회 집단은 신경과민과 편협으로 구성된 어떤 기제에 의해 환자로부터 철저히 배척당한다. 신경증 환자는 오직 작은 집단 하나만을 상대로 온갖 유형의 우월을 확보하기 위해 계략을 꾸민다. 그런 계략을 통해서, 환자는 공동체의 요구와 삶의 결정으로부터 자유로워질 수 있다.

* 이런 식으로 현실과 멀리 떨어진 가운데, 신경증 환자는 상상과

공상의 삶을 살면서 현실의 요구를 외면하기 위해 여러 가지 장치를 이용한다. 동시에 환자는 공동체를 위한 어떠한 봉사나 책임으로부터도 자유로운 그런 이상적인 상황을 성취하기 위해 여러 장치를 이용한다.

* 이런 식으로 확보하는 여러 가지 면제와 병이나 고통 때문에 누리는 특권이 신경증 환자에게 우월이라는 원래의 위험한 목표를 대체하는 요소가 되어 준다.

* 그러므로 신경증은 환자가 어떤 역(逆)강박을 일으킴으로써 공동체의 온갖 속박으로부터 벗어나려는 시도라고 할 수 있다. 이때 역(逆)강박은 아주 철저하게 형성되기 때문에 환경의 특별한 본질과 환경의 요구에 아주 효과적으로 대처할 수 있다. 이 역강박이 나타나는 방식과 그때 선택되는 신경증의 종류를 보면, 이같은 추론이 가능하다.

* 역(逆)강박은 반란의 성격을 띠며, 환자는 역강박의 재료를 과거에 자신에게 유리하게 작용했던 감정적 경험이나 관찰을 통해 얻는다. 역강박을 일으킬 경우에 환자의 생각이나 감정은 온갖 공상이나 상상과 결합하거나 중요하지 않은 디테일에 집착하게 된다. 환자의 눈과 관심이 삶의 문제를 외면하도록 한다는 목표에 이바지할 수 있는 것이면 어떠한 디테일이라도 좋다. 이런 식으로, 신경증 환자는 상황이 요구하는 바에 따라 불안이나 불면증, 졸도, 도착(倒錯), 환각, 다소 병적인 감정, 신경쇠약, 건강염려증 등을 보일 것이다. 이 모든 것은 신경증 환자에게 핑곗거리가 되

어 준다.

* 논리조차도 역강박의 지배를 강하게 받는다. 정신증에서와 마찬
  가지로, 이 지배의 과정은 논리를 무효화시키는 단계로까지 악화
  될 수 있다.

* 논리나 삶의 의지, 사랑, 인간적 공감, 협력, 언어 등은 인간의 공
  동체적 삶에 따른 필요에서 나온다. 그런데 신경증 환자가 고립
  을 추구하고 권력 욕구를 채우기 위해 마련하는 모든 계획은 자
  동적으로 인간의 공동체적 삶에 반하게 되어 있다.

* 신경증과 정신증을 치료하기 위해선 환자를 교육시키거나 양육
  시키는 방법 자체를 완전히 바꾸고 환자가 무조건 인간 사회로
  돌아가도록 만들어야 한다.

* 신경증 환자의 모든 의지와 노력은 위신을 추구하는 삶의 방침에
  서 나오는데, 신경증 환자는 그 때문에 삶의 문제를 미해결 상태
  로 남겨두는 데에 대한 변명을 끊임없이 찾아야 한다. 그래서 신
  경증 환자는 공동체 감정이 아예 발달하지 않도록 자동적으로 막
  아버리게 된다.

* 따라서 만일 어떤 사람과 그 사람의 개성을 완벽히 이해할 것을
  요구하는 것이 정당하다면, 그 사람이 우월을 확보하기 위해 어
  떤 종류의 권력을 추구하는지를 아는 중요한 도구로 비교의 방법
  이 있다. 다음에 제시하는 사항들은 비교에 필요한 잣대의 역할
  을 할 것이다.

1. 우리 자신이 어떤 요구에 압박감을 강하게 느끼고 있는 환자와 똑같은 상황에 처할 경우에 취할 것 같은 태도. 환자를 치료하는 의사에겐 환자의 입장이 될 줄 아는 재능이 아주 중요하다.

2. 어린 시절 초기에 비롯된 환자의 태도와 비정상. 이런 태도는 언제나 아이와 환경의 관계나 아이 자신에 대한 아이의 그릇된 평가, 뿌리 깊은 열등감, 권력 추구 등의 지배를 받는다.

3. 다른 유형의 개인들, 특히 신경증적인 개인들. 이들을 유심히 관찰하면, 어떤 유형은 신경쇠약을 통해 권력을 추구하고 또 어떤 유형은 공포나 히스테리, 강박증 등을 통해 권력을 추구한다는 사실이 확인된다. 이 모든 것들은 공동체의 요구로 야기될 충격으로부터 환자를 보호하는 역할을 한다.

4. 신경증을 앓는 개인이 피하려 드는 공동체의 요구 사항. 신경증 환자가 피하고자 하는 것은 협력이나 동료애, 사랑, 사회 적응, 공동체에 대한 책임 등이다.

개인 심리학의 이 같은 조사 방법을 통해서, 우리는 신경증을 앓는 사람이 동료들을 지배하려는 권력 욕구를 바탕으로 정신생활을 준비하는 정도가 정상적인 사람에 비해 월등히 더 심하다는 사실을 깨닫는다. 신경증 환자는 우월에 대한 욕망을 강하게 보이며, 따라서 외부의 강요나 다른 사람들의 요구, 사회가 강요하는 책임을 지속적으로 강력하게 거부한다. 신경증 환자의 정신생활에 일어나고 있는 이런 기본적인 사실을 확인하고 나면, 정신의 상호 연결성에 대해 많은 것을 알게 된다.

이런 종류의 논의와 그 논의에서 나오는 결론 중에서 건강한 사람을 불편하게 만드는 것은 감정적으로 우월을 느끼기 위해 상상해낸 어떤 목표가 이성적으로 생각하는 것보다 훨씬 더 큰 힘을 발휘한다는 점이다. 그러나 우리는 어떤 이상(理想)이 이런 식으로 전도되는 예를 국가들의 삶에서나 건강한 개인들의 삶에서 자주 목격한다. 전쟁과 정치적 학대, 범죄, 자살, 고행의 참회 등도 우리에게 비슷한 놀라움을 안긴다. 우리가 겪는 고통과 고문 중 많은 것은 우리 자신이 어떤 사상의 영향 하에서 스스로 자초한 것이다.

고양이는 쥐를 잡아야 한다는 사실은, 그것도 태어나고 얼마 되지 않아서 아무것도 배우지 않은 상태에서 쥐를 잡을 줄 알아야 한다는 사실은 별로 놀라운 일이 아니다. 그렇듯, 신경증을 앓는 개인이 자신의 본성과 운명, 위치와 자기평가에 따라 온갖 형식의 강요를 참을 수 없다고 느끼며 피하려 드는 것도 놀라운 일이 아니다. 또 신경증 환자가 그런 강요로부터 자신을 자유롭게 만들 핑계를 은밀히 또는 공개적으로, 의식적으로 혹은 무의식적으로 찾아야 한다는 사실도 놀라운 일이 아니다.

심리 치료 전문가가 신경증 환자들이 사회의 속박을 견디지 못하는 이유를 찾아야 할 곳은 바로 환자가 오랫동안 환경에 맞서 지속적으로 빚고 있는 그 갈등의 태도이다. 말하자면, 신경증 환자의 어린 시절에 주목해야 한다는 뜻이다.

이때 신경증 환자에게 갈등의 태도가 강요되고 있다고 보는 것이

타당하다. 신경증 환자는 자신이 그런 식으로 갈등의 태도를 보이는 데 대해 합당한 설명을 전혀 제시하지 못한다.

신경증 환자는 자신이 육체적으로나 정신적으로 처한 입장 때문에 지속적으로 열등감을 느끼게 된다. 이런 상황에서 신경증 환자가 갈등의 태도를 보이는 목적은 권력과 중요성을 획득하기 위함이다. 이를테면 유아기에 자신의 무능력과 자신에 대한 과대평가 등을 바탕으로 나름대로 설정한 우월의 어떤 이상(理想)을 성취하는 것이 환자의 목적인 것이다. 이 목표의 성취가 보상인 셈이며, 이 보상을 추구하는 과정에 신경증 환자는 사회의 속박과 주변 사람들의 의지를 누르고 승리하는 느낌을 받는다.

이 갈등이 지속적으로 진행되면서 보다 심각한 형태를 띠게 되면, 이 갈등 자체에서 대항작용이 일어난다. 이 대항작용은 일이나 청결, 영양 섭취, 정상적 배뇨와 배변, 수면, 질병 치료, 사랑, 우정, 외로움, 사교성 등의 요소에 따른 강박뿐만 아니라 교육이나 현실, 공통의 관심사, 외부의 힘, 개인적 약점 등 온갖 종류의 강박에 맞서려는 작용이다. 이런 상황에 처한 사람을 종합적으로 그림으로 그린다면, 규칙에 따라 정정당당하게 행동하려 하지 않으려 드는 사람이 될 것이다. 지독한 이기주의자나 심술쟁이라고 할 수 있을 것 같다.

대항 작용이 사랑의 감정이나 동료애가 일어나는 것에 반대하는 곳에서, 사랑과 결혼에 대한 두려움이 생겨나며 이 두려움의 강도와 형태는 다양할 수 있다.

이 대목에서 정상적인 개인에게는 거의 지각되지 않는 여러 형태의 강박에 주목해 달라고 부탁하고 싶다. 이런 강박의 경우에 좀처럼 지각되지 않음에도 불구하고, 정상적인 개인도 신경증적이거나 정신증적인 조건의 출현에 의해 발달의 방해를 거의 정기적으로 받는다고 볼 수 있다.

강박에는 다음과 같은 것들이 있다. 강박을 인정하거나, 주의를 기울이거나, 자신을 종속시키거나, 진실을 말하거나, 공부를 하거나, 시험에 합격하거나, 시간을 지키거나, 자신을 다른 사람이나 마차, 철도에 의탁하거나, 가사일과 사업, 아이들, 배우자 혹은 자신을 다른 사람들에게 맡기거나, 지주가 되거나 직업을 갖거나, 결혼하거나, 다른 사람의 관점이 옳다는 점을 인정하거나, 감사하거나, 아이들을 출세시키거나, 적절한 성적 역할을 하거나 적절한 사랑과 책임을 인정하거나, 아침에 일찍 일어나거나, 밤에 잠을 자거나, 타인에게 평등권을 인정하고 여성의 권리를 인정하거나, 모든 일에서 한계를 지키거나, 타인들에게 충직하려는 강박이 있다. 이 모든 특성은 의식적이거나 무의식적일 수 있지만 환자에겐 절대로 파악되지 않는다.

이 연구는 우리에게 두 가지를 가르친다.

첫째, 신경증 환자의 경우에 강박의 개념이 크게 확장되어 있다는 점이다. 그래서 정상적인 개인이라면 강박의 범주에 포함시키지 않을 인간관계까지도 신경증 환자에겐 강박이 될 수 있다.

둘째, 대항 작용은 최종적인 현상이 아니고 더욱 확장한다는 점이다. 대항 작용은 지속성을 갖고 있으며 동요 상태를 보인다. 대항 작용은 언제나 갈등의 태도를 의미한다.

35세인 한 환자는 여러 해 동안 불면증과 잡생각, 자위 충동으로 힘들어 한다고 털어놓았다. 이 중 자위 충동이 특별히 중요했다. 왜 나하면 환자가 결혼한 몸으로 두 아이의 아빠인데다 아내와의 관계도 좋았기 때문이다. 이 환자는 특히 일종의 "고무 페티시즘"같은 현상에 대해 말했다. 흥분된 상태에 있으면, "고무"(rubber)라는 단어가 이따금 절로 튀어나온다는 것이다.

개인 심리학을 바탕으로 광범위하게 검사한 결과 다음과 같은 사실들이 드러났다. 이 환자의 어린 시절은 우울했다. 오줌을 싸서 침대를 적시고 매사에 서툴러 바보같은 아이로 여겨지던 때부터, 환자는 야망을 키우기 시작했다. 그 정도가 아주 심해서 과대망상의 수준까지 갔다.

환경의 압박이 대단히 강했다. 그래서 환자는 외부 세계에 대해 적개심을 강하게 품었다. 그러다 보니 그의 인생관이 대단히 염세적이게 되었다. 그런 분위기에서 그는 외부 세계의 모든 요구를 참을 수 없는 강제로 느꼈으며, 그래서 거기에 반발해 침대에 오줌을 싸고 서투르게 행동했다.

그러던 중에 환자는 자신을 훌륭한 동료로 대접해주는 사람을 평생 처음으로 만났다. 선생님이었다. 그때부터 그는 다른 사람의 요구에 반항하거나 분노하는 성격을 누그러뜨리고 또 공동체를 악의적으로 대하던 태도도 누그러뜨리기 시작했다. 이제 더 이상 침대에 오줌을 싸지 않게 되었으며, "영재" 학생이 되기 위해 노력하고, 삶에서 최고의 이상을 추구하게 되었다.

그는 다른 사람들의 강요에 대한 적개심을 시인과 철학자처럼 초월 쪽으로 달아나는 방법을 통해 해결했다. 그는 감정이 강하게 실린 어떤 사상을 개발했다. 자신이 유일하게 살아 있는 존재이고, 다른 것들, 특히 다른 인간 존재들은 단순히 겉모습에 지나지 않는다는 식으로 생각한 것이다. 쇼펜하우어(Arthur Schopenhauer)와 피히테(Johann Gottlieb Fichte), 칸트(Immanuel Kant)의 사상과도 연결되는 대목이다. 그러나 보다 깊은 목적은 그가 안전감을 확보하고 "시대의 경멸과 질문"을 피하기 위해서 가치로부터 존재 자체를 강탈해 버리는 것이었다. 이 모든 것은 '마법'으로 성취되게 되어 있었다. 이 마법은 자립할 힘이 없는 아이들이 현실 속 사실들의 힘을 무력화시키길 원할 때 쓰는 것과 비슷하다. 이리하여 지우개(rubber)가 지우는 행위의 상징이자 그의 권력의 상징이 되었다. 아이에겐 눈에 보이는 것을 파괴하는 물건인 지우개가 어떤 가능성의 성취처럼 보였기 때문이다.

아이가 처한 전체 상황이 아이에게 자신을 과대평가하고 일반화할 것을 요구했다. 따라서 학교와 부모가 지배하는 가족, 훗날엔 남자나 여자, 아내나 아이가 그에게 어려움을 안기거나 무엇인가를 강요하고 나설 때마다, "지우개"라는 단어와 개념이 암호처럼 나타나게 되었다.

그리하여 그는 거의 시적인 방법으로 외로운 영웅이라는 목표를 이루고 권력을 성취하고 사회를 부정할 수 있었다. 그러나 세상 속에서 꾸준히 높아지고 있던 그의 위치 때문에 그가 공동체 감정을 영원히 물리치고만 있을 수는 없었다. 따라서 우리 모두를 묶고 있는 사랑과 논리를 거의 잃지 않게 되었으며, 그 덕에 그는 편집증을 일으키는 운명을 피할 수 있었다. 그는 단지 강박 신경증을 일으키는 선까지만 나빠졌다.

그의 사랑은 순수한 공동체 감정에서 피어난 것이 아니었다. 실제로 보면, 그의 사랑은 권력 추구와 관계가 깊었다. "권력"이라는 개념과 감정이 "지우개"라는 마법의 단어와 결합되어 있기 때문에, 그는 '러버 거들'(rubber-girdle) 사진에서 자신의 성욕을 풀게 할 어떤 표어 같은 것을 발견했다. 달리 말해, 여자가 아니라 러버 거들이, 인간이 아니라 물건이 그에게 영향을 미쳤다는 뜻이다. 이리하여 그의 권력 중독과 여자를 경멸하는 태도가 안전하게 지켜지는 한편, 그는 페티시즘을 갖게 되었다. 권력 중독과 여자에 대한 경멸이 페티시즘의 출발점인 것으로 자주 확인되고 있다. 그 사람 자신의 남자다움에 대한 믿음이 조금 더 약했더라면, 동성애와 소아 성애, 노인 성애, 시체 성애와 그 비슷한 특징들이 나타났을 것이다.

그의 자위 충동은 기본적으로 똑같은 성격을 지니고 있었다. 자위 충동도 그가 사랑의 충동으로부터, 여자들의 "마법"으로부터 달아나도록 돕는다.

불면증은 잡생각 충동에서 직접 비롯되었으며, 잡생각 충동은 수면의 억제에 맞서려는 것이다. 억눌러지지 않는 그의 야망이 그가 낮에 있었던 문제들을 풀면서 밤을 보내도록 강요했다. 알렉산더 대왕 같은 존재가 이루는 게 그렇게 없어서야 되겠어?

이 불면증에는 눈여겨봐야 할 또 다른 측면이 있다. 불면증이 그의 활력과 행동의 힘을 약화시켰으며, 그의 병을 정당화하는 이유가 되었다. 그가 지금까지 성취한 것은 말하자면 두 손이 아니라 한 손으로 한 것에 지나지 않았으며, 그것도 불면증으로 힘들어 하면서 이룬 것이었다. 잠을 충분히 잘 수 있었더라면 너무나 많은 것을 성취할 수 있었을 텐데! 그러나 그는 잠을 잘 수 없었고, 이런 식으로, 말하자면 밤의 잡생각 충동 때문에 그는 알라비아를 확보할 수 있었다.

따라서 그는 자신의 무능을 보호할 수 있었다. 그가 능력이 떨어지는 탓은 그의 성격으로 돌려지지 않고 잠을 자지 못하는 치명적인 상황으로 돌려질 수 있었다. 이리하여 그의 무능한 상태는 하나의 불쾌한 사고로 여겨지게 되었으며, 그런 상태가 계속되는 데에 대한 책임은 그가 아니라 충분한 지식을 갖추지 못한 의사가 지게 되었다.

만일 그가 자신의 위대성을 증명하지 못한다면, 그의 위대성을 입증하는 것은 의사의 과제가 될 것이다. 보시다시피, 무능력한 상태로 남는 것이 그에겐 전혀 아무런 문제가 되지 않는다. 그래서 그는 의사의 임무를 가볍게 만들어줄 생각이 전혀 없었다.

그가 자신을 신과 같은 존재로 과대평가하는 태도를 보호하기 위해 생사의 문제를 어떤 식으로 해결하는지를 보는 것도 재미있다. 그는 12년 전에 세상을 떠난 어머니가 지금도 살아 있다는 감정을 여전히 품고 있다. 그러나 이 같은 가정이 불확실하다는 느낌도 강하게 든다. 이 불확실성의 느낌은 가까운 친척이 죽은 직후에 나타나는 애도의 감정보다 더 강하다.

터무니없는 가정에 대한 의문은 절대로 냉철한 논리에서 비롯된 것이 아니다. 이 의문에 대해선 개인 심리학이 얻은 통찰을 통해서 설명해야 한다. 만일 모든 것이 겉모습에 지나지 않는다면, 그의 어머니는 죽지 않았다. 그러나 만일 그의 어머니가 살아 있다면, 그 자신이 유일한 존재라는 생각이 붕괴하고 말 것이다. 철학에 우주를 겉모습으로 보는 사상이 없듯이, 그는 절대로 이 문제를 풀지 못할 것이다.

그의 병에 나타나는 모든 징후들은 타인들과 연결되어 있으며, 이 연결성을 그는 자신이 아내나 친척, 부하들에 비해 특권을 많이 누리는 것을 정당화하는 근거로 여기고 있다. 그가 자신에 대해 과대하게 품고 있는 평가는 절대로 약화되지 않는다. 그가 겪는 고통을 고려할 경우에, 그가 언제나 보기보다 더 위대하고 또 병을 들먹임으로써 언제나 어려운 일을 피할 수 있기 때문이다. 그러나 그는 이와 달리 행동할 수도 있다. 그는 은밀히 상관들을 능가하길 바라면서도 겉으로는 상관들에게 더없이 양심적이고 성실하고 복종적인 직원이 되어 상관의 인정을 받을 수도 있다.

이런 식으로 권력 감각을 과도하게 추구하는 것이 그를 아프게 만들었다. 그의 정서적 및 감각적 삶과 독창성, 업무 수행 능력, 심지어 추리력까지도 전능(全能)에 대한 강박적 욕망의 영향을 받았다. 그 결과, 인간에 대한 감정과 함께 사랑, 우정, 사회에 대한 적응력이 모두 사라져 버렸다. 이런 환자의 경우엔 위신 메커니즘 전체를 허물어뜨리고 사회를 위하는 감정을 발달시키도록 유도함으로써만 치료가 가능해진다.

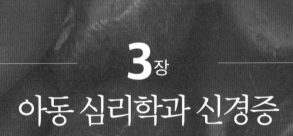

3장
아동 심리학과 신경증

I

아이와 환경의 관계와 신경증 환자와 환경의 관계에서 공통적인 요소를 하나 찾는다면, 그것은 독립심의 결여일 것이다. 아이도 타인의 도움을 받지 않은 가운데 스스로 삶의 문제들을 해결하지 못하고, 신경증 환자도 삶을 살면서 겪는 여러 가지 문제를 혼자 힘으로 해결할 수 있는 단계에까지 이르지 못했다.

신경증 환자는 사회가 인정하는 수준보다 훨씬 더 많은 도움을 타인들에게 요구한다. 아이의 경우에는 가족이 자연스럽게 아이의 요구를 들어주게 되어 있다. 그러나 신경증 환자의 경우에는 가족과 의사, 주변 사람들이 힘을 합하게 된다.

아이의 경우에는 아이 자체가 힘이 아주 약하고 세상 경험이 적어서 일어나는 상황이다. 반면 신경증 환자는 가족이나 의사, 주변 사람들이 환자를 위해 희생하도록 하기 위해 "아프기로" 선택한 상황이다.

아이와 신경증 환자의 요구 사항이 똑같이 증가한다는 점만이 이런 식으로 아이와 신경증 환자를 서로 비교하는 것을 정당화할 것이다. 이보다 더 중요한 것은 "비교 개인 심리학"을 통해 얻어지는 결과들이다. 비교 개인 심리학은 사람의 개인적 특성에서 과거와 현재, 미래는 물론이고 목표까지 발견해야 한다는 점을 강조한다.

여기서 우리는 개인의 다양한 태도와 표현 양식을 바탕으로, 한마디로 말해 그 사람의 생활방식을 바탕으로 외부 영향의 흔적을 추적할 수 있다고 가정해야 한다. 이를 뒷받침하는 증거는 관련 연구가 더욱 깊어지다 보면 틀림없이 확보될 것이라고 믿는 것이 타당하다.

이 같은 관점에서 출발하면서, 개인 심리학은 의지와 성격, 정서, 기질을 비롯한 모든 정신적 특징들을, 삶의 계획에 맞춰 이용하고 또 삶의 계획을 성취하기 위해 이용하는 특별한 수단이라는 측면에서 해석하는 것을 기본으로 여기고 있다. 만일 병을 증명할 증거가 필요하다면, 환자는 치료를 받으려는 의지를 보일 것이다. 이런 식으로, 광장공포증의 경우처럼 행동 영역을 자기 집으로 국한시키려는 것과 같은 신경증 환자의 삶의 계획이 더욱 선명하게 드러날 것이다. 똑같은 환자가 나중에는 치료를 포기하려는 욕구를 똑같이 강하게 보이기도 할 것이다. 환자가 자신의 삶의 계획을 실행하는 데 치료 상의 실수를 이용할 필요가 있다는 판단이 설 때, 그런 일이 벌어진다.

그것은 간단히 이렇게 말하는 것이나 마찬가지이다. 어떤 개인이 두 가지 상반된 목표를 가진 어떤 코스를 추구하고 있다면, 그 사람이 바라는 것은 결국 똑같다고 말이다. 의지가 요구되는 두 가지 노력은 두 사람 사이에 나눠질 수 있다. 그러면 두 사람이 똑같은 행동을 하지 않더라도 결국엔 똑같게 된다.

이런 경우에 현상을 분석하는 것만으로는 어떠한 지식도 얻지 못한다고 말해도 무방하다.

개인 심리학자들의 관심을 끄는 것은 실제로 일어나는 개별 사건에 앞서 벌어지는 준비 과정과 실제 사건보다 뒤에 있는 어떤 목표이다. 말하자면 사람마다 다 다른 개인적인 본질이 관심의 대상이라는 뜻이다. 이렇게 본다면, 개별 사건 자체는 준비와 목표가 교차하는 지점에서 발견될 것이다.

준비에서나 목표 성취에서나 똑같이, 사건에 필요한 모든 것들, 즉 에너지와 기질, 사랑, 미움, 이해, 이해의 부족, 고통과 쾌감, 개선과 개선의 결여 등의 총합은 환자가 바라는 결과를 확보하는 데에 반드시 필요하다고 생각하는 정도가 될 것이다. 사고와 감정, 의지의 본질이 어느 정도 의식이고 또 어느 정도 무의식일 것인지는 인격의 형성에 대한 열망에 따라 결정된다는 점은 쉽게 증명될 수 있다. 억압이 일어나는 것은 이 과정에서며, 억압은 개인적 자아를 설명하는 것으로 해석되지 않고 개인적 자아가 이용하는 수단과 기제(機制)로 해석되어야 한다.

성격의 형성과 성격이 인격에 이바지하는 역할 사이에도 앞에 말한 것과 똑같은 상호 연결성이 적용된다. 체격 때문에 어쩔 수 없이 힘이 점진적으로 증대되는 현상과 이 힘에 대한 아이의 평가, 그리고 아이가 환경 안에서 얻는 경험들은 아이의 삶의 목표와 삶의 경로 둘 다에 영향을 미치게 마련이다. 삶의 목표와 삶의 경로가 확고히 정해지기만 하면, 성격과 본능은 이 두 가지와 정확히 맞아떨어지는 것처럼 보일 것이다.

물론, 개인이 채택하는 수단에 나타나는 모든 일탈이나 변형을 그 사람의 정신생활의 목표가 근본적으로 다르다는 점을 암시하는 것으로 쉽게 받아들여서는 안 된다. 해머와 집게가 아무리 많이 달라 보여도, 해머로도 못을 박을 수 있고 집게로도 못을 박을 수 있다. 같은 가족 안에서 신경증 성향을 가진 아이들 중에도 가족에 대한 지배권을 어떤 아이는 반항을 통해 확보하려 하고 또 어떤 아이는 순종을 통해 확보하려 한다.

어느 5세 소년은 손에 잡히는 것이면 무엇이든 창밖으로 던지는 버릇 때문에 힘들어 했다. 그 문제로 심하게 벌을 받은 뒤, 아이는 무엇인가를 창밖으로 다시 던질지도 모른다는 두려움에 떨다가 그만 병에 걸리고 말았다. 아이는 이런 징후들을 이용해 부모들을 자기 옆에 묶어두면서 부모들의 지배자가 되는 데 성공했다.

다른 환자 하나는 동생이 태어날 때까지 응석받이로 자라면서 버릇없이 굴었다. 이 환자가 어린 동생에게 품은 반감은 한 동안 반항과 게으름으로 나타났다. 그러면 그는 자기 부모의 관심을 다시 끌면서 부모를 자기 옆에 묶어둘 수 있었다. 그는 유뇨증(遺尿症)을 보이고 모든 음식을 거부했으며, 이런 식으로 해서 동생의 자리를 다시 차지하는 데 성공했다.

이 환자는 자신의 목표를 달성한 뒤에 대단히 유쾌하고 성실한 소년이 되었으나 그 이후로도 유리한 위치를 영원히 지키기 위해 엄청난 긴장 속에서 살아야 했다. 그러다 그는 심각한 강박 신경증을 일으켰다. 아주 특별한 페티시즘이 그의 정신작용의 주요 바탕을 쉽게 드러내 보였는데, 그 바탕은 여자에 대한 두려움을 통해 여자를 얕보는 것이었다.

그런데 이 환자가 폭력적인 공격성을 통해 확보하고자 했던 우월은 한때 총애 받았던 남동생에 의해서는 상냥한 애교를 통해 보다 쉽게 얻어졌다. 남동생에게 나타났던 약간의 말더듬 증상은 마찬가지로 반항과 야망, 근본적인 불안의 감정을 드러냈다.

따라서 정신생활의 전체 과정, 다시 말해 신경증적인 의지와 감정, 사고, 그리고 신경증과 정신증의 관계 등은 하나의 장기 계획으로 나타나게 되는데, 이 계획이 바로 삶에서 권력을 확보하는 방법이 된다. 정신생활의 시작을 찾으려 애를 쓰다 보면 당연히 어린 시절 초기로 올라가게 되어 있다. 환자의 기질에서 나오는 힌트와 환경이 형성한 정신적 틀의 본질에서 나오는 힌트를 바탕으로, 개인심리학자가 환자가 우월 목표를 세우려 한 시도들을 찾아나서야 하는 곳은 바로 이 어린 시절 초기이다.

삶의 계획이 어떤 식으로 정리되어 있는지를 이해하기 위해서, 아이가 삶을 직면하는 방식을 그림으로 그려보도록 하자. 의식이 시작된 시기를 어느 시기로 보든, 그 시기에 이미 아이는 일부 경험을 수집했다고 보는 것이 타당하다. 그렇다면 이 경험의 수집이 이뤄질 수 있었던 것은 아이가 이미 마음에 어떤 목표를 품고 있었기 때문이라는 점을 기억하는 것이 대단히 중요하다.

그런 식으로 보지 않는다면, 삶은 무의미하게 손으로 더듬는 것에 지나지 않을 것이며 어떠한 평가도 불가능해질 것이다. 분류가 필요하다거나, 보다 고귀한 관점을 적용해야 한다거나, 경험들을 서로 연결시키고 활용해야 한다는 식의 말도 불필요해질 것이다. 고정된 어떤 목표가 없으면, 모든 평가가 의미를 잃고 말 것이다.

따라서 어떤 목표를 갖지 않는다면 어느 누구도 경험 같은 것을 형성하지 못할 것이다. 정말로 경험은 그 사람 본인에 의해 형성된다. 이것은 간단히 그 사람이 경험에 명확한 성격을 불어넣는다는 것을 의미한다. 이때 사람은 최종 목표의 성취에 이롭게 작용할 것인지 불리하게 작용할 것인지를 고려하면서 경험을 다듬어 나갈 것이다. 우리의 경험들 안에서 능동적으로 또 지속적으로 작용하고 있는 것은 뚜렷한 삶의 목표를 가진 삶의 계획이다. 예전의 기억들이 우리에게 용기를 불어넣거나 우리를 놀라게 만드는 것도 바로 이 삶의 계획이 있기 때문이다. 이 기억들에서 삶을 안내하는 목소리가 들리는 것이다.

개인 심리학자들이 검토하는 경험이나 기억이 환자의 어린 시절 중 어느 때의 것이든, 그 경험이나 기억은 아무런 이야기를 들려주지 않는다는 사실이 확인될 것이다. 그 경험이나 기억은 그 자체를 놓고 보면 다양한 의미를 지닐 수 있다. 어떤 해석이든 반드시 깊이 분석되어야 하고 그 증거를 제시해야 한다. 그것은 이렇게 말하는 것이나 마찬가지이다. 개인 심리학자의 관심을 끄는 것은 어떤 사건 안에 있지 않고 그 사건의 앞이나 뒤에 있으며, 정신의 어떤 표현을 이해하기 위해선 그 표현이 삶의 노선 같은 것을 갖고 있다고 직감적으로 느낄 수 있어야 한다고 말이다.

그러나 삶의 노선 같은 것이 있다면 거기엔 적어도 점이 두 개는 있게 마련이다. 그렇다면 우리의 첫 번째 임무는 정신생활에 있는 두 개의 점을 결합시키는 것이다. 그런 식으로, 우리는 어떤 인상을 확보하게 될 것이며, 이 인상은 새로운 요소들의 추가를 통해 확장되거나 제한될 것이다. 이 과정에 일어나는 일은 아마 초상화를 그리는 작업과 비교하면 이해가 쉬울 것이다. 초상화의 가치는 고정된 원리에 의해 측정되지 않고 초상화가 실제로 표현하고 있는 것에 의해 측정된다.

태도는 간혹 유동적인 모습을 보인다. 의식 상실과 팔의 마비, 흑내장(黑內障)을 수반하는 히스테리 발작으로 힘들어 하는 나의 환자가 그런 예이다. 검사 결과, 이 여자 환자는 자기 남편을 단단히 붙잡아두기 위해 매일 발작을 일으키는 외에 모든 사람, 특히 의사에 대해 의심을 강하게 품었다.

세상을 향한 그녀의 적개심을 보다 실감나게 보여주기 위해서, 나는 그녀가 멀찍이 떨어져서 기다란 팔로 사람들을 내쫓고 있는 사람과 비슷하다고 말했다. 그녀가 치료를 받는 동안에 현장에 있었던 그녀의 남편은 이런 식의 표현을 들은 뒤 자기 아내가 처음 히스테리 발작을 일으키던 때에 벌어진 일이 꼭 그랬다고 일러주었다. 그녀가 누군가를 떼어놓으려는 듯 갑자기 손을 뻗곤 했다는 것이다.

이 환자가 처음 히스테리 증세를 보인 것은 그녀가 남편의 불륜을 의심하던 때였다. 회상을 통해서 드러난 바와 같이, 그때 환자는 어린 시절에 잠시 혼자 있다가 거의 강간을 당할 뻔했던 때와 똑같이 행동하고 있었다. 서로 따로 멀리 떨어져 있던 이 두 개의 사건이 서로 연결될 때에야, 우리는 처음으로 어떤 인상을 받으면서 그녀가 혼자 남는 것을 두려워한다는 것을 깨달을 수 있었다. 그런데 이 두려움은 정작 두 가지 현상 어디에도 들어 있지 않았다. 이제 우리는 치료를 시작하는 단계에 반드시 알아야만 하는 것을 처음으로 파악할 수 있는 위치에 서게 되었다.

다음 결론은 그녀가 어린 시절 경험에서 직접 끌어낸 것이다. 소녀는 언제나 누군가를 곁에 둬야 한다는 것이었다. 그 시기엔 그녀의 아버지만이 그 목적에 기여할 수 있었다. 그녀의 아버지가 딱 안성맞춤이었다. 그 시기에는 성적인 생각이 철저히 배제되었고 또 그녀의 아버지가 언니만 예뻐하던 어머니에 대한 평형추 역할을 해주었기 때문이다.

나와 나의 동료들이 자주 논의하는 이런 고려사항들은 다른 해석들이 타당하지 않다는 점을 보여주고 있다. 타당하지 않은 해석의 예를 들자면, 히스테리의 원인을 예전의 경험으로 설명하려는 목표를 잡고 있는 프랑스 학파의 해석이 있고, 프로이트, 특히 융의 해석이 있다. 프로이트나 융은 환자를 어린 시절 초기 기억의 희생자로 다루고 있다. 이 이론은 훗날 수정을 거치면서 실제 갈등에 더욱 가까이 다가섰지만 여전히 환자의 삶의 노선을 제대로 해석하지 않는 결함을 보이고 있다. 왜냐하면 사건과 실제의 갈등은 강력한 삶의 노선에 의해 서로 연결되기 때문이다. 환자를 지속적으로 지배하는 삶의 목표는 어느 지점에선 환자가 어떤 경험을 만들어내도록 하고 또 어느 지점에선 어떤 사건을 개인적 경험과 갈등의 영역으로 끌어들이도록 한다.

심리학, 특히 아동 심리학에선 한 가지 사실이 아니라 전체 맥락에서 해석과 결론을 끌어내야 한다.

개인 심리학을 바탕으로 앞의 환자를 해석하려고 노력하면서, 우리는 환자가 혼자 있기를 두려워한다는 사실을 앎으로써 얻을 수 있는 그 병에 대한 통찰이 아주 작다는 사실을 깨닫는다. 혼자 있는 것을 두려워하는 것과 같은 신경증적 조건은 복합적인 의미를 지니며, 그런 경우에 몇 가지 사실을 통해 우리가 얻을 수 있는 것은 아주 적다. 한 가지 사실은 반드시 또 다른 사실과 연결되어야 한다.

우리 환자의 어린 시절 초기의 기억들은 언니에 맞서야 한다는 경쟁 의식과 감정으로 점철되어 있었다. 이 기억들은 그녀 혼자 집에 남고 언니는 언제나 부모를 따라다녔다는 사실과의 연결 속에서 더욱 선명하게 떠오른다. 여기서, 환자가 제시하는 어린 시절의 기억들 속에서 똑같은 주제가 거듭해서 나타나고 있다는 사실이 확인된다. 그리고 환자의 삶의 노선에 대한 우리의 추측이 맞을 확률이 높아진다.

그러나 이 환자의 또 다른 징후, 즉 드문드문 머리를 바수어 버릴 듯 아프게 찾아오는 두통도 이런 해석으로 설명될 수 있을까? 그리고 이 통증이 생리 기간에만 나타나는 이유는 또 무엇일까?

회상에서 나온 환자의 진술은 이 징후가 불공평한 어머니와의 사이에 어떤 일이 벌어진 직후에 나타났다는 점을 암시했다. 어머니가 그녀의 머리카락을 움켜쥐었으며, 그때 멘스를 하고 있던 환자는 병에 걸리거나 죽어 버리겠다는 생각에서 집 옆을 흐르던 차가운 강으로 곧장 내달렸다.

다른 사람들에게 상처를 입히고 환자 자신의 생명을 위험하게 만들 이런 분노 발작을 그녀는 오빠를 통해 자주 목격했다. 그러나 오빠의 행동을 모방하면서, 그녀는 소녀에게 무조건적인 복종을 요구하는 삶의 규칙을 위반하는 죄를 지었다. 여자가 멘스 기간에, 그것도 한겨울에 차가운 물속에 뛰어들다니! 여자가 분노 때문에 여자의 본성을 망각하다니!

그녀는 자신이 겪고 있던 정신적 과정을 이해하지 못하고 겉으로 드러나는 원인과 행위에만 의지하고 있었지만 실은 자신의 삶의 노선에 따라 착실히 이력서를 쓰고 있었다. '오빠들은 반란을 일으켜 가족의 주인이 되고, 언니는 어머니의 사랑과 호의를 독차지하고 있는데, 나는 막내딸임에도 집에 혼자 남겨져 있으니, 나의 굴욕을 막아줄 수 있는 것은 병과 죽음뿐이야!' 이 같은 감정에 평등에 대한 갈망이 분명하게 표현되고 있으며, 이 갈망이 의식이 되는 것은 불필요한 일일 것이다.

이 상황이 그녀의 무의식에 남아 있어야 하는 다른 이유들도 틀림없이 있을 것이다. 이 기제(機制)가 의식이 되어야 할 필요는 정말 하나도 없다. 그 과정을 전부 의식할 경우에 환자가 바라는 성공이 위험에 처하게 될 것이다. 만일 이 소녀가 우리가 알고 있는 것을 자신의 눈으로 본다면, 다시 말해 그녀의 삶의 주요한 전제인 삶의 계획이 뿌리 깊은 여자의 열등감에 근거를 두고 있다는 사실을 알게 된다면, 이 소녀의 인격이 손상을 입지 않고 온전히 남는 것은 불가능할 것이다.

그녀는 자신이 그런 점을 인정하는 일이 일어나지 않도록 하기 위해서 자신의 모든 경험으로부터 공통적인 어떤 교훈을 끌어낸다. 말하자면, 자신의 중요성을 지키기 위해선 그녀 혼자 남아서는 안 된다는 식의 결론을 끌어내는 것이다.

따라서 그녀가 자신의 중요성과 영향력에 대해 걱정하면서 그녀로부터 벗어나려는 남편을 붙잡고 늘어질 때, 그 과정 내내 그녀의 공격 기제와 방어 기제가 작동하게 된다. 이 기제들 중에서 가장 중요한 요소에 우리는 신경증이라는 이름을 붙인다. 신경증은 처음엔 그녀가 권력을 필요로 한다는 점을 보여주기 위해서, 마지막엔 적어도 외관상으로나마 예전의 지배를 다시 찾았다는 점을 보여주기 위해 작동한다. 그래서 그녀는 절대로 혼자 남아서는 안 되었다.

환자의 정신세계에서 펼쳐지고 있는 풍경을 이런 식으로 구체적으로 그리고 나면, 자연히 추가적인 특징과 개인적인 특성이 많이 나타나게 마련이다. 홀로 남는 것에 대한 두려움이 그녀가 가장 확실한 무기인 불안을 반드시 손에 쥐도록 만들 것이다.

이젠 분석 결과를 증거로 뒷받침하는 데 필요한 질문을 던져야 한다. 예를 들어, 남편이 마차를 몰면서 그녀 혼자 마차의 뒷자리에 앉아 있도록 할 때마다 그녀에게 공포 발작이 일어난다. 이 같은 징후는 복종의 느낌에 대한, 다시 말해 그녀의 의지가 배제된 데에 대한, 그리고 당연히 있어야 하는 "공명"(共鳴)의 부재에 대한 대답이다. 그녀는 자기도 마차의 앞자리에 앉고서야 냉정을 되찾을 수 있었다.

이 같은 태도가 복잡한 구조를 갖고 있다는 점에 대해서는 새삼 설명할 필요가 없다. 이 공포 발작이 도로의 모든 코너에서, 또 다른 마차를 만날 때마다 일어난다는 사실을 알게 될 때, 그 태도의 복잡한 구조가 더욱 분명해진다. 그런 경우에 그녀는 즉시 남편이 잡고 있던 고삐를 자기도 잡게 될 것이다. 비록 그녀가 자신은 노련한 마부가 아니고 남편은 숙련된 마부라는 사실을 깨닫게 될지라도.

그녀는 또 말이 빨리 다닐 때 공포에 질렸다. 그런 경우에 그녀의 남편은 그녀를 놀려주기 위해 말에 채찍을 휘두르며 속도를 더욱 높이곤 했다. 그러자 이젠 공포라는 그녀의 무기가 그녀를 버리는 현상이 나타났다.

이때 실제로 일어난 일을 보는 것이 치료 방법을 이해하는 데 아주 중요하다. 그녀의 남편이 말을 세게 몰아붙이지 않도록 하기 위해서, 공포 발작이 일어나지 않았던 것이다.

이리하여 매우 의미 있는 새로운 통찰이 별다른 어려움 없이 얻어졌다. 이제 우리는 다음과 같은 질문에 대답할 수 있게 되었다. 환자는 남자와의 동등한 권리를 얻으려고 노력하면서도 왜 자신이 직접 고삐를 잡으려 하지는 않았을까? 그녀의 과거 전체가 이 문제에 대해 금방 대답을 내놓는다. 그녀는 남자와의 사이에 평등을 확보할 수 있을 것이라고 확신하지 못했으며, 따라서 남자에 대한 우월을 확립하기 위해서 남자를 하나의 도구로, 하나의 버팀목으로, 하나의 보호자로 이용하는 대안을 택했다.

Ⅱ

교육에 관한 연구와 마찬가지로, 정신에 관한 연구도 신경학과 정신의학의 결실에 지금보다 더 많이 의지해야 한다. 학식이 높은 청중 앞에서 이 점에 대해 굳이 설명할 필요는 없을 것 같다.

마찬가지로, 정신 치료도 아이들의 정신생활에 대한 연구를 더 많이 할 것을 요구하고 있다. 만일 개인 심리학의 전제, 즉 삶의 경험과 과거의 가르침들, 미래에 대한 기대 등이 모두 어린 시절에 형성된 가공의 삶의 계획을 중심으로 전개되고, 또 치료에 필요한 것이라곤 옛날의 삶의 노선을 찾아내서 그것이 잘못되었다는 점을 증명하는 것밖에 없다는 전제가 옳다면, 환자가 그때까지 공상 속에서 살아오고 있던 삶의 결과들을 지우기 위해 개인 심리학자가 할 일은 이 유아적인 체계를 완전히 수정하는 것뿐이다.

나는 징후와 성격의 특성, 감정, 환자 자신의 인격에 대한 평가, 그리고 환자의 성적 관계 등에도 신경증이나 정신증과 똑같은 중요성을 부여해야 한다고 주장한다. 그렇게 할 경우에 앞에 제시한 전제가 요구하는 종합적인 관점에서 문제에 접근할 수 있게 될 것이라고 나는 믿는다.

의사가 환자의 정신 풍경을 살피면서 보이는 반응만 아니라 삶의 온갖 부침을 겪은 환자의 경험에도 긴장이 팽팽하다는 인상이 언제나 느껴진다. 이때 긴장은 일종의 악의(惡意)로 나타나며, 이 악의는 환자와 세상 사이의 어딘가에서 생겨난다. 이 팽팽한 긴장은 또 환자가 세상을 성공적으로 지배하길 원할 경우에 동원하게 되는 수단이 어떤 것인지를 암시한다.

지금 우리는 어떻게 공포가 자기애(自己愛)에 이바지하는 무기가 되는지, 또 어느 한 개인의 개인적 강박이 사회의 강요를 물리치기 위해 어떤 식으로 작동하는지를 보여주면서 유아기의 상황들과 아이의 정신세계를 세세하게 묘사하고 있다. 사회의 강요를 물리치는 대표적인 예를 들자면, 어떤 결정을 내려야 하는 상황에서 망설이는 태도가 있다. 또 행동이 작은 집단으로 제한되거나, 규칙에 따라 행동하지 않으려는 의지가 발동하거나, 혼자 있으려는 욕망이 있거나, 마지막으로 자신이 위대한 존재라는 생각이 발견되는 경우도 그런 예에 속한다.

이 모든 징후들을 예외 없이 유아기 특징으로 해석하는 것은 명백한 실수일 것이다. 우리가 아는 바는 스스로 약하다고 느끼는 개인은 아이든 어른이든 미개인이든 불문하고 똑같은 방법들에 의존하지 않을 수 없다는 점이다.

이 방법들을 발견하고 그것들을 바탕으로 환자를 훈련시키려면 그 사람의 어린 시절까지 더듬지 않을 수 없다. 어린 시절에서 우리는 아이에게 최고의 성공을 약속한 것은 직접적인 공격이나 행동이 아니라 복종이나 순종, 그리고 잠을 자길 거부하거나 음식을 먹길 거부하거나 게으르게 굴거나 청결을 지키지 않는 것과 같은 다양한 반항이라는 것을 발견한다.

어떤 측면에서 보면 우리 문명은 어린 시절을 닮았다. 우리 문명이 약한 사람들에게 특권을 부여하고 있다는 점에서 보면 그렇다. 그러나 만일 삶이 지속적인 투쟁이라면, 신경증 성향을 가진 아이는 당연히 삶을 투쟁으로 여기게 되어 있다. 그런 아이에겐 투쟁이 주된 전제이다. 그러면 온갖 패배와 코앞에 닥친 온갖 결정에 대한 두려움이 신경증적 발작을 낳게 되어 있다.

이때 신경증적 발작은 열등감을 느끼는 사람에게 무기 역할도 하고 반란의 신호 역할도 한다. 신경증 환자에게 어린 시절부터 뚜렷한 방향 감각을 제시하는 적대적인 태도는 지극히 예민한 성격으로, 문명이 강제하는 것을 포함한 온갖 종류의 강요에 대한 불관용으로, 그리고 세상 전체를 거부하려는 노력으로 나타난다.

신경증 환자가 권력의 한계를 거듭 뛰어넘도록 만드는 것이 바로 이 같은 태도이다. 이 점에서 본다면, 신경증 환자는 불에 델 때까지 시험하거나 멍들 때까지 테이블을 두드리는 아이를 많이 닮았다.

심각한 적대적인 태도, 경쟁하고 비교하려 드는 태도, 공상, 반항적이고 완고하고 자학적인 태도, 마법에 대한 믿음, 자신이 신과 비슷하다는 생각, 자기 파트너에 대한 두려움에서 비롯된 도착적인 방식의 회피 등등. 이 모든 것은 견디기 힘든 압박감 속에 성장한 아이들이나 부드러움과 연약함이 보상을 받는 조건에서 성장한 아이들, 육체나 정신의 성장이 늦은 아이들에게서 자주 발견된다.

안전감을 느낄 수 있는 범위를 예외적일 만큼 넓게 벌려 놓으면, 그 사람은 위쪽으로도 쉽게 올라가고 패배로부터도 쉽게 보호를 받을 수 있다. 그럼에도 온갖 종류의 장애들이 환자와 환자의 임무 성취 사이에 마치 기적처럼 동시에 끼어든다. 그 장애들 중에서 결정적인 몫을 하면서 핑계 역할을 하는 것이 바로 병이다. 그렇게 되면 중요하지 않은 세부사항들이 강박 신경증에서처럼 과대평가를 받으면서 아무 목적에도 이바지하지 못하는 가운데 계속 수행된다. 그러다 보면 조치를 취할 적절한 시간이 그냥 허비되고 만다.

이런 식으로 어떤 성공을 강하게 추구하도록 하는 자극이 이따금 탁월한 결과를 낳는다는 점도 부정할 수 없다. 그러나 신경 전문가들이 목격하고 있는 것은 대체로 슬픈 현실이다. 대부분의 경우를 보면, 신체기관의 기능에 제동 장치를 다는 것과 같은 효과를 끌어내기 위해 신체기관 본래의 의미에 변화를 주어야 하는 상황이다.

허약한 사람은 모든 기능을 왜곡시키려는 경향을 광적으로 보이기 쉽다. 현실의 요구를 피하기 위해서, 고통 받는 순교자의 모습을 보여주기 위해서, 사고(思考)를 멈추고 그 대신에 온갖 잡생각에 사로잡히는 것이다.

인위적으로 고안해낸 어떤 체계가 밤의 휴식을 방해함으로써 환자가 낮 시간에 피곤해 하도록 만들고 그 결과 일의 능률을 떨어뜨린다. 명백한 편향을 가진 생각들이 작용하고 고의로 주의를 다른 경로로 돌리는 일이 벌어짐에 따라, 감각 기관과 기동성, 무의식적 장치가 원래의 기능을 상실한다. 괴로운 감각과 자기 자신을 동일시하는 기능 때문에 통증이 일어난다. 예를 들면, 구역질나는 기억이 구토나 메스꺼움과 연결되는 것이다.

이리하여 처음부터 범위가 아주 좁았던 사랑의 능력은 오랫동안 준비된 어떤 경향을 통해서 완전히 파괴되기에 이른다. 이 오래된 경향의 목표는 섹스 파트너를 피하는 것이며, 이 경향은 이상(理想)과 숭고한 요구 등에 의해 강화되었다.

많은 예를 보면, 환자의 특별한 개성이 사랑과 결혼 문제에 아주 특이한 태도를 요구하는 것으로 드러난다. 그렇기 때문에 병의 유형과 시기를 사전에 예측하는 것도 가능해진다. 그런 삶의 계획이 어린 시절 어디까지 거슬러 올라가는지는 다음 예를 통해 알 수 있다. 첫 번째 예부터 보자.

34세인 여자 환자이다. 이 환자는 몇 년 전부터 광장공포증을 앓았으며 치료를 시작할 때에는 철로에 대한 공포로 힘들어 하고 있었다. 역 근처에만 있어도 온 몸을 공포로 떨며 뒤를 돌아봐야 했다. 이런 발작은 그녀가 마치 마법의 동그라미 같은 것 안에 갇혀 있는 것처럼 어떤 장애를 떠올리고 있다는 점을 암시한다. 그녀의 어릴 적 회상 중에 그녀와 여동생 사이의 한 장면이 있었다. 그녀가 여동생의 위치를 빼앗으려고 노력하는 내용이었다.

이 사건의 복합적인 의미는 명확하다. 어린 시절 초기에 있었던 이 사건과 그녀의 징후 중 마지막인 철로 공포증을 선으로 연결하면서 이 두 가지를 마치 그녀가 자기 동생과 경쟁했듯이 철로와 경쟁하려 한다는 식으로 비교한다면, 환자가 자신의 지배 욕망이 전혀 아무런 격려를 받을 수 없는 장소를 피하려 든다는 것이 쉽게 확인될 것이다. 그녀는 자신에게 언제나 복종을 강요했던 오빠들과의 연결 속에서 그런 예들을 많이 기억해냈다. 따라서 우리는 이 환자가 삶 속에서 여자들을 지배하려 들고, 운전자든 기관차 엔지니어든 남자의 권위로부터 벗어나려고 노력하고, 삶의 계획에서 사랑과 결혼을 지워 버릴 것이라고 예상할 수 있다.

그녀는 소녀 시절에 오랫동안 손에 채찍을 들고 사유지를 돌아다니면서 남자 하인들에게 휘두르곤 했다. 그런 사람에겐 남자를 하인처럼 다루려는 태도를 충분히 예상할 수 있다.

그녀가 꾸는 꿈을 보면 거의 모든 꿈에서 남자들은 동물로 나타나며 예외없이 정복당하거나 도피 중인 모습이었다. 그녀는 평생에 딱 한 번 아주 짧은 기간 동안 어떤 남자와 친하게 지냈다. 여기서도 충분히 예상할 수 있듯이, 그 남자는 의지가 약한 동성애자였으며 약혼을 파기하는 이유로 발기불능을 내세웠다. 그녀의 철로 공포증은 말하자면 사랑과 결혼에 대한 공포나 다름없었다. 그녀는 자신을 이방인의 권위에 감히 넘기지 못했다.

"남성성 항의"(masculine protest: 아들러가 저서 『사회적 관심』 (Social Interest)에서 제시한 개념이다. 기본적으로 남성 지배적인 사회 환경 때문에 생기는 현상이다. 여자의 경우에 여자다움을 요구하는 상황을 부정하는 형식으로 나타나고, 남자의 경우엔 우월 콤플렉스로 나타난다/옮긴이)라는 메커니즘도 당연히 어린 시절을 바탕으로 연구되어야 한다. 남성성 항의는 소녀들 사이에 특히 분명하게 나타난다. 많은 환자들에게서 과장의 경향이 확인되고 있다. 아이가 환경과의 관계 속에서 실제로 느끼는 기대와 긴장이 어느 정도 강한지가 곧 확인될 것이다. 내가 지금까지 남성성 항의를 발견하지 않은 환자는 한 사람도 없었다.

이처럼 권리를 빼앗기고 있다는 감정으로부터 약함에 대한 믿음이 광적으로 발달하는데, 이 부분을 들여다보면 극도의 짜증이나 거절증, 신경증적 계략 등 아이의 정신세계를 이해할 수 있다. 3세 된 소녀는 다음과 같은 증세를 보였다.

어머니와 지속적으로 힘겨루기를 하고, 모든 형식의 강요나 지위 하락에 극도로 민감한 반응을 보이고, 고집불통이고 반항적이다. 음식 먹기를 거부하거나 가정에서 일상적으로 일어나는 일에 반항기를 지속적으로 보이고 있다. 아이의 거절증은 참아주기 힘들 만큼 심한 편이다.

그러던 어느 날, 소녀의 어머니가 소녀에게 오후에 차를 마시라고 일러주었다. 그러자 곧 소녀의 독백이 따랐다. "우유를 마시라고 하면 커피를 마시고, 커피를 마시라고 하면 우유를 마실 거야!"

남자처럼 행동하려는 소녀의 열망이 자주 보였다. 소녀는 어느 날 거울 앞에 서서 어머니에게 이렇게 물었다. "엄마는 내가 아들이길 원했지?" 남녀 성별은 절대로 바꿀 수 없다는 사실이 소녀에게도 너무나 명백해졌을 때, 소녀는 어머니에게 자신은 나중에 어른이 되면 아들만 낳겠다고 말했다. 그 후로도 소녀는 계속 남자를 높이 평가하는 태도를 보였다.

그런 증상이 예외적일 만큼 분명했던 또 다른 예를 제시하고 싶다. 그 증상만 없었더라면 지극히 건강했을 3세 소녀였다. 소녀가 좋아하는 행위는 오빠의 옷을 입는 것이다. 여동생의 옷을 입는 일은 절대로 없었다. 적어도 처음에는 그랬다.

어느 날 아버지와 함께 산책을 하는 동안에, 소녀는 남자 아이의 옷가게 앞에서 걸음을 멈추고는 아빠에게 남자애들 옷을 사달라고 졸랐다. 아버지가 딸에게 남자애는 여자애들의 옷을 입지 않는다고 지적하자, 소녀는 소녀가 입어도 크게 이상해 보이지 않을 외투를 가리키면서 그거라도 사 달라고 했다.

이 예에서 우리는 성격에도 변화가 자주 일어나고 또 변화의 폭도 꽤 넓다는 점을 확인하고 있다. 남자처럼 행동하겠다는 최종 목표가 있는가 하면, 남자처럼 보이는 것만으로 충분하다고 생각하는 태도도 있는 것이다.

이 예들이 전형적인 예라고 나는 생각한다. 이 중 두 가지 예에서는 꽤 일반적인 유형의 발달이 관찰되었다. 이런 예들 앞에선 반드시 이런 질문을 던져야 한다. 인류의 반이 자신이 좋아하지 않는 조건과 타협할 수 있도록 하기 위해, 교육학은 지금까지 어떤 방법을 내놓았는가?

한 가지 사실은 분명하다. 만일 그런 해결책을 찾는 데 성공하지 못한다면, 우리는 지금까지 세세하게 논한 그런 상황을 언제나 눈으로 보면서 살아야 한다는 점이다. 영원히 존재할 열등감이 불만을 낳을 것이고, 그러면 사람들은 모든 장애 앞에서 자신의 우월을 입증하기 위해 다양한 계략을 고안할 것이다.

이 같은 맥락에서, 부분적으로 현실과 연결되어 있고 또 부분적으로 상상과 연결되어 있는 무기들이 생겨나게 된다. 신경증이 외적으로 나타나는 그림이 바로 이 무기들이다. 우리 전문가들의 임무가 환자가 엄청난 약점을 해소하기 위해 채택하는 수단들을 깊이 생각하는 선에서 그친다면, 그 같은 조건이 신경증 환자에게 이점을 안겨줌과 동시에 환자가 보다 집중적으로 또 보다 예민하게 삶을 살도록 한다는 사실은 확인되지 않을 것이다.

한쪽 끝에 열등감이 담긴 환자의 감정이 있고 다른 한쪽 끝에 남자 같은 존재로 인정받고 싶은 갈망이 있는 상태에서, 소녀가 소년에 의해 뒤로 밀려나거나 자신의 발달이 방해받을 가능성이 있다는 점을 눈으로 확인하거나 여자가 생리 전 불안, 생리, 임신, 폐경 등을 거치면서 그때마다 새로운 약점으로 힘들어 한다는 것을 확인하게 될 때, 그 같은 감정과 갈망은 더욱 치열해질 것이다. 여자들이 생리적으로 겪는 뚜렷한 시기들이 신경증적 반란에 결정적이라는 사실은 널리 잘 알려져 있으며, 그래서 우리는 그런 반란을 사전에 예상할 수 있다.

이리하여 신경증 문제의 많은 뿌리들 중 하나를 뽑았지만, 교육학 분야뿐만 아니라 정신치료 분야도 마찬가지로 이런 자연적인 상황이나 사회가 강요한 상황의 영향을 예방할 수 있는 방법을 아직 발견하지 못했다는 점을 인정해야 한다.

개인 심리학의 관점에서 다음과 같은 결론을 잠정적으로 끌어낼 수 있다. 예방 차원에서나 치료 차원에서 아이에게 일찍부터 남녀 성별에 따른 신체적 특징은 피할 수 없는 것이라는 인상을 줄 필요가 있고, 그 같은 불리한 점을 정복 불가능한 것으로 여길 것이 아니라 삶에 고유한 어려움으로 여기도록 이끌고, 다른 사람들도 그 점을 잘 알고 있고 또 필요하다면 거기에 맞서 투쟁을 벌인다는 점을 알게 해 주는 것이 바람직하다. 그렇게 하면 오늘날 여자의 행동에 나타나는 불확실성과 체념이 사라지고, 따라서 여자를 열등하게 보이도록 만드는, 인정(認定)에 대한 과도한 욕망도 사라질 것이라고 나는 생각한다.

다시 10세 소년의 예이다. 이 환자의 경우엔 독(毒)이 여자의 남성성 항의이다. 이 예를 제시하는 이유는 여자의 남성성 항의가 사회적 관계 속으로 들어간 뒤에 어떤 식으로 반대쪽 성(性)으로, 말하자면 소년에게로 넘어가는지를 보여주기 위해서이다.

잘 알려진 남자의 본질을 고려한다면, 이 소년은 처음부터 어떤 때는 공개적으로 표현되는 높은 평가에 의해, 또 어떤 때는 사회적 조건이 암시하는 바에 따라 자신이 주변으로부터 특별한 대우를 받는 것 같은 느낌을 받았을 뿐만 아니라 자신에게 강요되는 의무도 더 많다고 느꼈음에 틀림없다. 따라서 이 소년의 경우에 세상과의 관계에서 긴장도 더욱 높았을 것이다.

이 긴장은 물론 실제로 성취로 이어질 수도 있다. 우리 문화가 발달하는 데도 이런 긴장이 큰 역할을 했다. 문화에 고유한 적극성을 저지하려는 정상적인 압박도 강력한 적대적 태도와 악의, 권력 욕구, 공상 등이 전면으로 나타나도록 만들기에 충분하다.

소년은 의무를 제대로 수행하지 못하고 있다는 두려움을 자주 느낀다. 또 남자다운 완벽성을 갖추는 데 필요하다고 생각되는 인정을 충분히 받지 못하고 있다는 두려움도 자주 느낀다.

신체 기관이 열등한 상태로 태어나거나 우울증을 느끼거나 응석받이로 큰 아이들 중에서 일찍부터 삶의 계획을 짜는 것이 목격되는 것도 그런 차원에서 이해가 가능하다. 이런 아이들은 어떠한 난관에서도 우월한 모습을 보이는 데에 집착하고 또 성급한 모습을 보이게 된다. 이런 태도가 강해지다 보면 결국엔 아이에게 자신의 허약을 이용하려 들거나 망설이거나 의심하는 경향이 나타나게 된다. 이 경향이 깊어지면 공개적으로나 비밀리에 반항심을 키우고 규칙에 따라 정정당당하게 행동하지 않으려 들게 된다. 바로 이것이 신경증의 바탕이다.

다음 예는 근시가 매우 심한 소년이다. 이 소년은 온갖 노력을 기울이는데도 두 살짜리 여동생을 제대로 다루지 못한다. 소년의 공격성은 수많은 다툼에서 드러났다. 소년은 어머니에게도 마찬가지로 아무런 영향력을 행사하지 못하고 있다. 중요성과 영향의 면에서 다른 사람들을 지배했던 소년의 아버지는 자식들을 엄격히 키웠으며 "여자의 지배"에 대해 종종 욕을 했다.

소년은 모든 면에서 아버지를 닮았다. 이 점에 대해선 뒤에서 증명할 것이다. 소년이 다소 압박감에 시달리는 상황에서 아버지와 예전에 평등했다는 점을 뒷받침할 증거를 제시하는 것이 그렇게 쉬운 일은 아니다. 소년은 심각한 근시 때문에 일반적으로 소년다운 행위에서 그다지 좋은 성과를 내지 못했다. 언젠간 소년이 아버지의 타자기를 이용하길 원했다. 그런데 그때 아버지가 갑자기 아들의 과학적 야심을 꺾어놓았다.

사냥광이었던 소년의 아버지는 이따금 사냥에 아들을 데리고 갔는데, 이것이 결과적으로 소년에겐 자기는 아버지와 동등하고 "여자들"보다 우월하다는 점을 뒷받침하는 남자다운 태도로 받아들여졌던 것 같다. 그 후로 아버지의 사냥에 동행하지 않을 때마다, 소년은 유뇨증을 보였고 그러면 소년의 아버지는 언제나 무서울 만큼 흥분하는 모습을 보였다. 그 뒤로 아버지가 아들에게 권위를 행사할 때마다, 아들에게 야간 발작 같은 것이 일어났다.

소년과 몇 차례 대화를 하자 이런 상관성이 드러났으며, 추가로 조사한 결과 유뇨증은 꿈 환상의 요소들이 결합하면서 생겨난다는 것이 확인되었다. 소년의 유뇨증은 아버지에 대한 강력한 반항을 표현하는 것이었다.

소년은 야간 발작이 있기 전이나 후에 대체로 꿈을 꾸곤 했다. (사냥에 자기를 데려 가지 않은) 아버지가 죽는 꿈이었다. 미래 계획을 묻는 질문에, 소년은 자기 아버지처럼 엔지니어가 되어 가정부를 두고 싶다고 대답했다. 나는 소년에게 아버지처럼 결혼하고 싶지 않으냐고 물었다. 그는 결혼에 대한 나의 질문에 여자들은 아무런 가치가 없고 오직 옷에만 신경을 쓴다는 말로 결혼에 반대한다는 뜻을 분명히 했다. 이런 식으로, 소년이 앞으로 취할 태도와 삶의 계획이 명확히 드러났다.

이와 비슷한 듯하면서 완전히 다른 것은 8세 된 소년에게서 나타난 남성성 항의의 징후들이다. 림프성 체질로 힘들어 하고 지적 및 육체적 성장이 다소 늦은 소년이다. 이 소년은 자위 충동 때문에 나의 치료를 받게 되었다.

소년의 어머니는 거의 전적으로 여동생과 남동생을 돌보고 있으며 소년은 하녀들에게 맡겨졌다. 소년의 아버지는 성질이 급한 사람이며 언제나 명령을 내릴 줄만 알았다. 소년의 열등감은 다소 늦은 성장에서도 드러났고 또 자신에게 관심을 쏟는 사람이면 누구에게나 감사하려 드는 태도에서도 드러났다. 소년은 마술사의 묘기에 대한 관심에서 최고의 보상을 발견했다.

이 소년은 다른 아이들에 비해 마술사의 영향에 아주 쉽게 넘어 갔으며, 자신을 동화의 나라로 데려다 줄 마술 지팡이를 언제든 발견할 마음의 준비가 되어 있었다. 그러면서 소년은 항상 자신의 모든 것을 다른 사람들이 대신 하도록 했다. 이것은 소년이 모든 사람들을 마음대로 부리던 자기 아버지에게서 본 그림이 왜곡되어 나타난 것이다. 이런 삶의 계획이라면 소년은 서투르고 무능력한 모습을 보일 때에만 앞으로 나아갈 수 있을 것이다. 그래서 소년은 정말로 그런 모습을 보였다.

소년의 자위는 시간이 조금 지난 뒤에 어머니에게 들켰으며, 그 이후로 어머니는 다시 소년에게 관심을 쏟게 되었다. 이런 식으로, 소년은 어머니에 대한 영향력을 확보했으며, 소년의 중요성이 갑자기 높아졌다. 어렵게 얻은 중요성을 다시 잃지 않으려면, 소년은 자위를 계속해야 했을 것이다. 실제로도 소년은 자위를 계속했다.

아버지와 동등해지겠다는 소년의 목표는 우연히 어떤 욕망에서 드러났다. 이 욕망 때문에 소년은 어른이 되고 싶어 하는 또래 아이들과 마찬가지로 어른이 쓰는 모자를 썼으며 담배꽁초를 입에 물곤 했다.

어린 시절에 발달하는 신경증적 책략에 관한 지식을 잠시 인류의 역사로 확장해 보고 싶다. 개인의 마술적 특성과 외계의 마술적 특성에 대한 믿음은 오늘날보다 옛날에 훨씬 더 강했겠지만, 자기 자신에 대한 믿음이 약한 현상, 즉 열등감은 오늘날에도 일반적으로 나타나고 있다.

남자 신경증 환자가 아내에게 품는 두려움과 악의는 마녀 화형에서 비슷한 요소를 발견하고, 여자 환자가 남자에게 품는 두려움과 남성성 항의는 악마와 지옥에 대한 두려움에서 비슷한 요소를 발견한다. 여자를 모욕하는 분위기 때문에 여자가 사랑에서 자신을 솔직하게 표현하기 어렵게 되었고, 우리의 교육은 대개 남녀 간의 정당한 상호 평가를 고무하는 것이 아니라 남녀 간의 상호 인력(引力)을 창조해내는 것을 목표로 잡고 있다. 남자의 권위를 강요하려고 노력하면서, 우리는 지금 정신건강을 추구하는 것이 아니라 망상적인 사고를 고무하고 있다.

이제 결론을 내려야 할 때이다.

Ⅰ. 매순간 "어떤 목표를 설정하라고 자극하는" 신체 및 정신의 메커니즘이 "삶"이라는 개념 안에 원래부터 들어 있다. 삶은 우리에게 행동할 것을 요구한다. 우리는 행위를 통해서 정신생활의 최종적 성격을 다듬어나간다.

Ⅱ. 어떤 목표를 추구하려는 노력이 우리에게 끊임없이 매력을 발휘하는 것은 우리 내면에 뭔가 빼앗기고 있다는 감정이 있기 때문이다. 우리가 본능이라고 부르는 것은 사실 삶의 경로이며 어떤 목표를 향하게 되어 있다. 방향성을 보이는 능동적인 기능은 겉으로 모순되어 보임에도 불구하고 통합된 목표를 향해 착실히 나아간다.

Ⅲ. 맡은 일을 할 준비가 제대로 되어 있지 않은 신체기관은 참기 어려운 상황을 야기한다. 그러면서 끊임없이 보상을 추구하게 하는 원인이 된다. 그런 식으로 보상을 추구하다 보면 마침내 그 신체

기관은 환경의 요구를 받아들일 만큼 강하다고 느끼게 된다.

그런 것과 똑같이, 아이의 심리도 의문스런 상황에 처하면 권력의 장신구들이 보관되어 있는 창고 쪽으로 눈을 돌리게 된다. 이때 권력의 장신구들은 아이가 느끼는 불확실성의 감정에 상부 구조의 역할을 한다.

Ⅳ. 정신생활 연구에서 가장 중요한 과제는 체질 때문에 주어진 '권력'에서 비롯된 힘을 잠정적으로 시도하고 행사하려 드는 태도를 잘 다루는 것이다. 또 주어진 환경을 활용하려는 노력을 다각도로 검토하는 것도 중요하다.

Ⅴ. 따라서 정신적 현상은 모두 통합적인 삶의 계획을 부분적으로 표현하는 것으로 해석되어야 한다. 삶의 계획을 고려하지 않고 아이의 정신생활을 직접 파고들면서 정신생활 자체를 분석하려는 시도는 모두 성공하기 어렵다. 왜냐하면 아이의 정신에 나타나는 "사실들"을 완성된 산물로 여길 것이 아니라 어떤 목표를 향하려는 예비적 움직임으로 여겨야 하기 때문이다.

Ⅵ. 이 같은 관점에 따르면, 아이의 정신세계에서 일어나는 일 중에서 어떤 경향에 이바지하지 않는 것은 하나도 없다. 그래서 이 대목에서 아이의 정신세계를 이끄는 다음과 같은 원칙에 주목해야 한다. 이 원칙들은 대단히 중요하다. 현실과 관련 있는 원칙으론 이런 것들이 있다. 아이가 (a)우월을 확보할 수 있는 능력을 발달시키고 (b)환경에 대처하고 (c)세상은 적대적이라는 감정을 품고 (d)지식을 쌓고 성취를 축적하고, (e)사랑과 순종, 증오와 반항, 공동체

감정과 권력 욕구를 활용한다는 것이다. 상상과 관련 있는 원칙으로론 이런 것들이 있다. 아이가 (a)공상과 상상 속에서 성공을 그리고 (b)약함을 이용하고 (c)결정을 질질 끌거나 보호를 추구한다는 것이다.

Ⅶ. 이런 식으로 삶의 방향을 잡도록 하는 전제조건은 한 가지 요소에서 발견된다. 그 요소란 바로 높게 설정된 목표이다. 아이는 전능하고 신과 같은 존재가 되려고 노력하고 있다. 당연히 이 목표는 무의식에 남아 있다. 이 목표는 개인의 경험과 체질에 따라 구체적인 형태를 띠면서 정신증이 되어 의식 속으로 들어오게 된다. 권력 목표가 무의식에서 작동하게 되는 이유는 권력 목표 자체가 공동체 감정의 진정한 요구와 모순되기 때문이다.

Ⅷ. 권력 목표가 나타나는 가장 흔한 형식은 "남자 대(對) 여자"의 구도이며, 이 구도에서 대체로 여성적인 요소는 적대적인 것으로, 정복되어야 하는 것으로 여겨진다.

Ⅸ. 이 모든 현상은 신경증을 가진 개인에게 매우 두드러지게 나타난다. 이유는 환자가 적대적인 태도를 통해서 유아기의 그릇된 판단을 수정하는 것을 어느 정도 피하기 때문이다. 환자의 내면에 각인된 유아독존 식의 관점은 이 연결에서 환자에게 큰 도움을 준다.

Ⅹ. 그러므로 신경증 환자가 마치 자신이 전반적으로 우월하다는 점을, 구체적으로 자기 아내보다 우월하다는 점을 뒷받침할 증거를 제시하라는 요구를 받은 것처럼 행동하더라도 전혀 놀랄 일이 아니다.

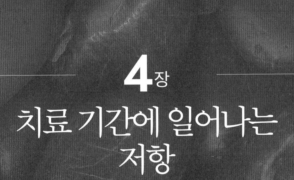

4장

치료 기간에 일어나는
저항

개인 심리학에 따라 2개월 동안 치료를 받던 환자가 어느 날 다음 치료 시간에 3시 대신에 4시에 와도 되는지 물었다. 그런 경우에 환자의 요구가 아무리 강하다 하더라도, 치료 시간을 바꾸려는 것을 환자가 의사에게 남성성 항의를 하는 것으로, 말하자면 환자의 공격성이 강화되고 있음을 보여주는 것으로 해석하면 거의 틀림이 없을 것이다. 따라서 이런 상황에서도 환자가 그런 요구를 하는 이유를 조사하지 않는다면, 그 분석가는 잘못을 저지르고 치료의 목적과 정반대 방향으로 행동하는 꼴이 될 것이다.

환자는 3시에 양장점에 가야 할 것 같다고 했다. 명분이 다소 약한 이유였다. 그래도 치료를 받아야 하는 시간이 길기 때문에, 소녀가 자유 시간에 제약을 받는다는 사실을 감안한다면 다소 수긍이

가는 면이 있기도 했다.

나는 나 자신이 3시에 시간을 낼 수 없었기에 시험 삼아 5시나 6시를 제시했다. 이 제안을 환자는 어머니도 시간이 없고 자기도 친구네 집에 가야 한다는 이유로 즉각 거부했다. 그렇다면 여기서 시간을 변경하는 데 대한 이유가 뚜렷하지 않다는 점이 확인되고 있으며, 따라서 환자가 치료에 저항하고 있다고 해석할 수 있다.

프로이트는 분석 치료에서 감정 전이와 자주 연결되는 이런 저항 현상을 알아내는 것이 중요하다는 점을 거듭 강조했다. 그러나 개인 심리학이 감정 전이와 저항에 작용하는 정신적 관계를 보는 관점은 프로이트의 견해와 다르다. 이 문제와 관련해서 오해가 자주 일어나기 때문에, 나는 앞의 환자를 바탕으로 두 가지 문제를 다 논할 생각이다.

최우선적으로 고려할 사항은 분석 치료 과정에 어느 시점에서 저항이 나타나는가 하는 점이다. 지금 논하고 있는 환자의 경우엔 며칠 동안 자기 오빠와의 관계에 대해 말하고 있던 중이었다. 그녀는 이따금 오빠와 단 둘이 있을 때면 설명할 수 없는 혐오감을 느낀다고 털어놓았다. 그래도 그에 대한 반감은 전혀 없으며 그녀는 극장에도 기꺼이 따라 갔다. 그러나 그녀는 거리에서 오빠의 연인으로 오해를 받을까 봐 오빠의 팔짱을 끼지 않으려고 신경을 많이 썼다.

그녀는 집에서 오빠와 대화를 자주 하며, 오빠가 키스하는 것을 좋아해서 오빠에게 키스도 허용했다. 키스는 그녀가 즐기는 행위이기도 했으며, 그녀는 이따금 자신이 진짜 키스 마니아 같다는 느낌을 받았다. 그러던 그녀가 최근엔 오빠에게 선뜻 키스를 허용하지 않으려는 태도를 보였다. 그녀의 예민한 후각에 오빠의 입 냄새가 별로 좋지 않았기 때문이다.

따라서 환자가 오빠와 맺고 있는 심리적 관계가 충분히 명확해지고 있다. 그녀는 어떤 감정을 경험하고 있으며 동시에 어떤 가능성으로부터 자신을 보호하려고 노력하고 있다. 만일 이 감정이 싹트면서 여자의 욕망이라는 형식(키스를 허용하고, 오빠와 팔짱을 끼고, 남자들의 사회를 선망하는 것 등)으로 나타난다면, 그녀는 거기에 남성성 항의로 맞설 것이다. 그러나 이때의 항의는 겉으로 뚜렷이 드러나지 않는 논리의 옷을 걸칠 것이다.

그녀는 오빠에게 남자 같은 태도를 보이기 위해 어떤 행동을 하는가? 무의식적으로 그녀는 어떤 거짓 평가를 이용하면서 아주 예민한 지각과 예언적인 환상을 만들어내고 있다.

그녀의 추론에 따르면 이 환상은 아주 그럴 듯하다. 오빠의 연인으로 오해받지 않을까 하는 두려움은 자기 오빠에게 그와 비슷한 태도를 보이는 사람들에겐 쉽게 이해될 것이다. 그녀의 오빠와 키스를 자주 하는 가족의 다른 사람들에겐 아무런 문제가 되지 않는다는 것이 좀 이상하게 여겨지지만, 그녀가 오빠의 입에서 좋지 않은 냄새를 맡는 것은 꽤 사실일 것이다. 그렇다면 우리 환자는 오빠에게 불리한 어떤 재평가를 하고 있다. 이 재평가가 그녀의 목적이 무엇인지를 분명히 암시하고 있다. 어떤 사람들은 이 환자의 예에서 아마 그녀가 "노"라고 대답한다는 식으로 해석할 것이다.

만일 여기서 역사가 제시하는 수많은 자료와 범죄 통계, 교육 분야의 경험에 관심을 주지 않으면서 그냥 오빠와 동생 사이에 성적 사랑의 가능성을 믿지 않으려는 전문가들이 있다면, 나는 그들이 깊이를 갖추지 못했다는 점을 지적하고 싶다. 나에겐 이 환자와 오빠는 육아실에서 "엄마 아빠" 놀이를 하는 남매와 아주 비슷해 보인다.

여기서 소녀는 남자 같은 태도를 신경증적으로 앞세워 지나치게 멀리 나가지 않으려고 자신을 보호하고 있다. 그녀에게 그녀의 오빠는 오래 전부터 단순히 오빠의 역할에서 그치지 않고 미래의 구혼자의 역할을 하고 있었다. 그녀는 그와 함께 환상의 세계에 살면서 자신이 스스로를 보호하기 위해 어떤 것을 어떤 식으로 할 수 있는지를 보여주려고 노력하고 있다.

그녀의 기억과 과거 사건들의 감정적 흔적들이 그녀에게 그녀가 할 수 있는 것이 무엇인지를 알려준다. 환자가 자신의 기억과 감정에서 끌어내는 전체적인 인상은 이런 식이다. '나는 소녀이고, 성적 욕구를 누를 만큼 충분히 강하지 못하다. 어린 시절에도 나에겐 힘이 거의 없었다. 나의 공상은 금지된 대상을 갖고 장난을 치고 있었다. 나는 오빠 앞에서도 나 자신(나의 욕구)을 통제하지 못했다. 그래서 나는 욕을 듣고 제대로 대접을 받지 못할 것이다! 나는 아프고, 고통 속에서 아이들을 낳을 것이고, 정복당하고, 노예가 될 것이다. 그러니 처음부터 끝까지 나는 나 자신을 지켜야 한다. 나의 욕망에 굴복해서도 안 되고, 남자에게 나 자신을 복종시켜서도 안

된다. 남자란 믿을 수 없는 존재이니까. 그렇게 되지 않기 위해선 나 자신이 남자처럼 행동해야 한다.'

그녀의 여성적인 성적 본질은 그녀의 적이 되고 있고, 그녀는 이 적에게 믿기 어려울 만큼 큰 힘과 수단을 안겨주고 있다. 이런 식으로, 신경증 환자의 감정생활에서 성적 본능이 왜곡되게 된다. 바로 이 왜곡을 공격하는 것이 치료에 아주 중요하다.

남자 신경증 환자도 마찬가지로 여자의 것으로 통하는 감정을 두려워한다. 이런 감정의 예를 들자면, 부드러움과 자신을 한 여자에게 종속시키고 싶어 하는 욕망 등이 있다. 이런 감정은 남자 신경증 환자의 이성 관계에 드러나게 된다.

이런 감정들을 두려워하다 보니 남자 신경증 환자는 그것들을 공격하기 위해 희화화한다. 남자 신경증 환자는 성적이지 않은 다른 관계에서도 이와 비슷한 점을, 말하자면 육체적 특징이나 예전의 허약함, 게으름, 나태, 유아기의 실수들을 끌어낸다. 이런 것들은 모두 남자답지 않은 특징, 즉 여자 같은 특징이 있다는 것을 뒷받침하는 증거로 이용되고 남성성 항의를 부르게 된다.

실제로 일어나는 일은 이런 식으로 "배열"된다. 반항적인 태도가 생김에 따라 여자 신경증 환자는 자신의 여성적인 성적 행위를 남성성 항의로 이용하고(어머니의 경고에 반항을 보이는 소녀들도 여기에 해당한다) 남자 신경증 환자는 여자 같은 부드러움과 의지 상실(소위 "신경쇠약"이 이에 해당한다), 성적 불능과 두려움에 의지함으로써 사랑의 관계를 피하게 된다. 이런 식으로 "배열"되고 희화화된 내면의 지각들은 정신의 씨줄과 날줄 안에 자리 잡고 앉아서 경고 신호의 역할을 하면서 남성성 항의를 강력히 불러내거나 복종에 맞서 보호 기제를 끌어낸다.

그리하여 우리 환자는 지금 근친상간을 저지를 위험을 안지 않게 되었고, 또 그녀가 자신을 안전하게 지키려는 욕망에서 필요 이상으로 멀리 나가고 있다는 결론이 가능하다. 그러나 그녀는 그런 식으로 함으로써 자신의 남성성 항의의 주된 목표 중 하나를 성취하고 있다. 말하자면 미래에 여자에게 어울리는 그런 삶을 살지 않겠다거나 남자들에게 의지하지 않겠다는 목표를 성취하고 있다는 뜻이다.

신경증 환자들 사이에 남자를 평가 절하하려는 현상이 흔하게 나타난다. 앞에 예로 든 환자를 통해 확인하듯, 이 같은 사실은 꽤 분명하게 보이거나 철저히 위장될 수 있다. 그렇다 보니 일부 독자들은 나의 해석에 대해 미심쩍다는 식의 반응을 보인다.

신경증 환자들 사이에서 자기학대적인 특징과 "여자 같은" 특징, 지나친 복종 경향, 지나치게 예민한 최면 감수성 등이 자주 나타난다. 무릎을 꿇을 수 있는 강력하고 위대한 사람에 대한 광적인 갈망은 언제나 사람들에게 호소력을 발휘한다. 신경증 환자들 중에서 의사에게 존경심을 보이며 찬가를 부르는 사람이 얼마나 많은지 모른다.

신경증 환자들은 마치 의사를 사랑하는 것처럼 행동한다. 그러다가 시간이 조금 지나면 반대쪽 면이 나타나게 되어 있다. 신경증 환자들 중에서 자신을 제대로 조절할 수 있는 사람이 하나도 없기 때문이다. 그들은 이런 식으로 외칠 것이다. '어떻게 내가 이렇게 약할 수 있어! 내가 가진 수단을 모두 동원해야 겨우 굴복하지 않고 버틸 수 있으니!' 그러면서 그들은 높이 도약하려는 사람처럼 몇 걸음 뒤로 물러선 다음에 다른 사람들을 뛰어넘으려고 안간힘을 쓸 것이다.

나의 환자 한 사람은 자신은 부도덕해서 언제나 불륜을 저지를 준비가 되어 있다는 점을 자주 강조했다. 그런데 불행하게도 남자들이 그녀를 멀리했다.

성 불능으로 치료를 받던 다른 환자는 예전에 떠돌이 돌팔이의사의 최면에 걸렸던 적이 있었다. 이 엉터리 최면술사는 떠나면서 환자에게 회중시계 사슬로 머리를 두르고 있으면 잠을 잘 수 있을 것이라고 일러주었다. 환자는 성 불능을 치료하지는 못했지만 잠은 언제나 잘 잘 수 있었다. 그는 이 일이 있은 뒤에 많은 의사들을 찾았으며, 약이나 물리적인 치료가 효과를 내지 않을 때마다 의사에게 최면을 걸어줄 것으로 요구했으나 아무도 최면에 성공하지 못했다. 그러자 환자는 회중시계 사슬을 끄집어내서 의사에게 자신이 어떤 식으로 잠드는지를 보여주었다. 그의 행동은 이런 의미였다. "의사라면서 어떻게 돌팔이의사가 하는 것도 못해? 아니, 회중시계가 하는 것도 못하다니!" 만일 그후로도 사람들을 불신하면서 남자나 여자를 깎아내리려 들었던 환자가 자신의 정신의 비밀을 알게 된다면, 회중시계는 힘을 잃고 말 것이다.

남자를 경시하려는 태도의 뿌리를 찾아 들어갈 때마다, 그것이 유아기의 병적인 상황에 기원을 두고 있다는 사실이 늘 확인되었다. 환자가 어린 시절에 아버지를 능가하길 바라면서 그렇게 하려고 시도한 적이 있거나 아버지나 형제자매들에게 다양한 공격과 방어의 태도를 취하는 것을 상상한 적이 있었다는 뜻이다. 그러나 신경증 성향이 있는 아이의 성격과 과도한 시기심, 야망, 권력 의지 등도 그 아이의 지배욕을 크게 자극하는 것 같다.

이런 관점에서 보면, 신경증 성향을 가진 아이가 여자들과의 관계에서 이중적인 역할을 하는 이유도 보다 쉽게 이해되고, 또 수집된 자료를 바탕으로 그런 이중적인 역할을 테스트하는 것도 보다 쉬워진다. 한편, 여자는 우리가 즉시적으로 획득하지 못하는 다른 모든 것들과 마찬가지로 대단히 터무니없는 방향으로 이상화되고 힘과 권력의 온갖 마법적인 특성을 지니게 된다. 신화학과 동화와 민중 설화는 종종 여자 거인이나 여자 악마를 다룬다. 하인리히 하이네(Heinrich Heine)의 시 '로렐라이'에도 그런 존재가 나온다. 여자 거인이 등장하는 신화나 동화 속에서 남자는 아주 작거나 절망적일 만큼 패배한 모습으로 그려진다.

신경증 환자는 종종 유아기의 태도의 흔적을 간직하고 있다. 어떤 흔적은 의식적이거나 무의식적인 공상 또는 기억(프로이트)으로 남아 있고, 또 어떤 흔적은 신경증 환자의 머리 위로 우뚝 선 채로 환자와 상관없이 제 길을 발견하는 여자들에 대한 기억(독일 소설가 루드비히 강호퍼(Ludwig Ganghofer)의 전기가 있고, 프랑스 소설가 스탕달(Stendhal)의 글에도 그와 비슷한 내용이 나온다)으로 남아 있다. 신경증 환자의 정신 구조에는 여자들 앞에서 느끼는 수줍은 감정 혹은 여자들로부터 자유롭게 놓여나지 못하고 여자들에게 매이게 되지 않을까 하는 두려움이 이런저런 형식으로 나타난다.

남자를 여자에게 종속시키겠다고 위협하는 이런 강박적인 심리적 관계에 맞서서, 신경증 환자는 자신을 안전하게 지킬 경향들을 모두 발동시키고, 남성성 항의를 강화하고, 자신의 위대성에 대한 믿음을 강조하고, 이런 경향들을 통해 여자를 모욕하고 얕본다. 이런 신경증 환자의 공상과 의식에 자주 나타나는 여자의 형상은 두 가지 유형으로 나뉜다. 로렐라이 같은 유형이 있고, 이상적이거나 거친 현실을 상징하는 유형, 즉 어머니(마리아) 유형과 매춘부 유형(오스트리아 사상가 오토 바이닝거(Otto Weininger)의 분류)이 있다.

아이는 생후 6개월 쯤 되면 온갖 물건을 잡으려 들며 한 번 잡았다 하면 잘 놓지 않으려 한다. 그 직후엔 권력 의지의 영향을 받으면서 자신에게 관심을 갖는 사람들을 붙잡고 늘어진다. 이 소유욕엔 아이가 안전을 지키려는 경향인 질투가 수반된다. 그때 만일 아이가 그보다 더 멀리 나가면서 추가적 상황을 예상하게 된다면(예를 들어, 남녀 역할에 대한 불확실성), 그런 경우엔 성적 성숙이 빨라지고 소심한 태도가 생기게 된다.

이 대목에서 나는 아이와 부모의 관계에 이미 신경증적인 특징이 작동하고 있다고 결론을 내린다. 아이는 부모와의 관계에서 신처럼 군림하겠다는 목표를 지키려고 노력한다. 그래도 이런 수동적인 경험은 원동력을 전혀 발휘하지 못한다. 그 경험들이 원인이 아니고, 단지 권력이 예상되는 개별 상황과 관련해서 인식되고 이용되어 기억되거나 망각된 두드러진 사건에 지나지 않기 때문이다. 그런데 그 경험들이 신경증 환자에게 높이 평가받게 된 것은 그것들이 신경증 환자의 정신의 역동성을 제대로 표현하고 있기 때문이다. 또 더 나아가 그 경험들이 신경증에서 남성성 항의의 표현 혹은 신호로 활용될 수 있기 때문이다. "나는 여자들과의 관계라면 영 맥을 못 춘다니까! 어릴 때 나는 이미 사랑이라는 이름으로 여자에게 나를 종속시켰거든." 이 문장의 행간을 읽으면 "나는 여자들이 무섭다."라는 뜻이다.

신경증을 앓는 남자는 여자라는 존재 자체나 "수수께끼 같은" 여자의 본성, "영원히 설명되지 않는" 여자의 "압도적인 힘"을 두려워함과 동시에 여자를 얕보거나 피하려는 경향을 보인다. 그러면 심인성 발기부전이나 조루, 매독 공포증, 사랑이나 결혼에 대한 두려움이 생겨난다. 만일 남성성 항의가 일어나면서 성교가 가능하게 되면, 신경증 환자는 완전히 자질이 없는 여자, 말하자면 매춘부나 시신(屍身)이 자신의 사랑을 받을 가치가 있다고 느낄 것이다. 이런 환자를 분석하면 진짜 동기, 즉 매춘부나 시신이 통제하기가 쉽다는 믿음이 드러난다. 이와 달리, 남성성 항의가 세상을 직시하고 싶어 하지 않는 남자로 하여금 돈 후안 같은 난봉꾼이 되도록 하는 예도 있다.

남자 신경증 환자들 중에서 어떤 형태로든 여자들의 열등성과 남자의 열등성을 특별히 강조하지 않는 환자를 나는 지금까지 한 번도 보지 못했다. 남자 신경증 환자가 사랑의 관계에서 라이벌과 벌이는 싸움은 주로 남자를 얕보는 경향에서 비롯되며 대개 질투로 나타난다.

여자 신경증 환자는 남자와 여자를 똑같이 더 일관되게 낮춰본다. 우리 환자는 남자 의사를 다룰 때에도 다른 경우와 마찬가지로 얕본다. 그녀는 지식의 측면에서 의사가 자기보다 "탁월"하다는 사실을 깨달을 때면 의사를 평가절하하려는 경향을 더 뚜렷이 보인다.

지금 그녀의 "저항"도 내가 그녀의 신경증의 성격에 대해 중요한 사실들을 설명한 직후에 일어났다. "의사가 너무 많은 것을 알고 있기 때문에", 그녀가 새로운 항의로 맞선 것이다.

그러나 그녀는 자신이 옳기를 원했다. 만일 그녀가 꿈이나 공상에서 오빠나 의사인 나와 성적인 관계를 갖는 생각을 떠올리거나 사악한 일을 하는 그림을 그린다면, 그것은 바로 그런 일로부터 자신을 보호하기 위한 신경증적 과장으로 이해되어야 한다. 따라서 이런 식으로 의사에게 사랑의 감정을 전이하는 것은 허구일 뿐이며 "리비도"로 해석해서는 안 된다. 실제로 보면 그것은 전혀 "감정전이"가 아니고 단순히 어린 시절로 되돌아가 권력을 휘두르려는 태도와 습관에 지나지 않는다.

그녀가 앓고 있는 신경증의 경우에 어린 시절로 돌아가 권력을 휘두르려는 태도가 아주 흔하게 나타난다. 그래서 의사를 깎아내리기 위한 마지막 투쟁이 시작되었다. 그녀는 모든 것을 의사보다 더 잘 알았기 때문에 투쟁도 의사보다 더 잘 할 수 있었다. 이제 그녀가 의사의 평판을 떨어뜨리기 위해 의사의 의견에 반대하거나 의사를 비판하지 않고 보내는 시간은 거의 없을 것이라고 보면 된다.

이런 환자들이 사람들에게 전반적으로 품고 있는 불신을 지우도록 도울 수 있는 수단은 개인 심리학에 충분히 많다. 인내와 예지(叡智), 경고도 의사가 치료에서 성과를 거둘 수 있는 수단이 된다. 이때 치료 효과는 주로 환자에게 병을 유발한 유아기의 상황을, 말하자면 남녀 환자의 남성성 항의가 뿌리를 박고 있는 상황을 고스란히 보여주는 데서 나온다.

환자와 의사 사이에 우호적인 관계가 유지되면, 둘 다 신경증의 작용에 대한 깊은 통찰을 얻을 수 있으며, 환자는 자신의 감정적 자극이 잘못되어 있다는 사실을 깨달을 수 있다. 당연히 환자는 자신이 신경증 성향 때문에 그릇된 가정을 세우고 불필요하게 에너지를 낭비하고 있다는 사실까지 깨닫게 된다. 개인 심리학자로부터, 환자는 태어나 처음으로 자기 자신을 아는 방법을 배우고, 지나치게 팽팽한 본능을 통제하는 방법을 배운다.

이런 결실을 거두기 위해선 의사에 대한 저항을 제거하는 과정이 반드시 필요하다. 의사는 신경증 환자나 정신증 환자의 내면에 남아 있는 집단의식의 흔적을 통해서 환자와의 연결을 꾀한다.

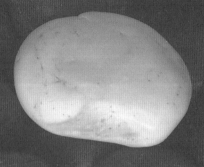

5장
신경성 불면증

불면증의 증상에 관한 묘사는 기본적으로 새로운 정보를 더 이상 제시하지 않을 것이다. 환자의 불만은 수면의 길이가 짧고 충분히 깊지 않다거나 불면의 시간으로 모아질 것이다. 그러면 거의 언제나 불충분한 휴식과 그에 따른 피로, 능률 저하가 그 후유증으로 언급될 것이다.

정확성을 기하기 위해, 여기서 편안한 수면을 취하거나 평균 이상으로 오래 잠을 자면서도 똑같은 사실(예를 들면, 피로 등)에 대해 불평하는 환자들이 많다는 점을 강조해야 한다.

불면증 증세가 나타나는 병의 본질은 쉽게 파악된다. 불면증이 간헐적으로나 장기적으로 나타나지 않는 정신 질환은 절대로 없다. 심각한 형태의 정신 질환이 생기기 전에 예외적일 만큼 심각한 불면증이 일어나는 것이 보통이다.

환자가 불면증 징후를 대하는 태도를 보면 흥미로운 점이 많다. 환자는 불면증이 매우 고통스럽다는 점을 강조하고 불면증을 치료하기 위해 백방으로 노력하지만, 모든 조치가 아무런 효과를 발휘하지 못한다. 어느 환자는 잠을 이루려고 애를 쓰다가 그만 밤을 반 정도 보내는가 하면, 또 다른 환자는 극도로 피곤한 상태에서 잠에 떨어지기 위해 자정을 훌쩍 넘길 때까지 일부러 잠자리에 들지 않는다. 또 다른 환자들은 아주 작은 소음까지도 없애려고 노력하거나 하나에서 천까지 숫자를 헤아리며 이리저리 몸을 뒤척이다가 새날을 맞기도 한다.

불면증을 약하게 앓는 일부 환자의 경우에, 수면 규칙을 정해 놓고 그것을 지킨다. 어느 환자는 술을 조금 마시거나 신경 안정제를 복용해야만 잠을 이룰 수 있다.

수면에 좋은 조건이 사람에 따라 서로 대조적인 성격을 보인다는 점도 흥미로운 사실이다. 또 각자 불면증에 대한 해결책으로 제시하는 설명도 정말 다양하다. 어떤 사람들은 성교가 수면을 취하는 데 특효약이라고 하는가 하면, 또 어떤 사람은 금욕이 최고라고 한다.

낮잠은 잘 오지만 여기도 조건("방해하는 사람이 없어야 한다" "식사를 한 직후" 등)이 있다. 한편, 낮잠이 피로나 두통 혹은 졸음의 원인이 되기도 한다.

환자들이 제시하는 불면증에 관한 여러 가지 묘사를 훑어보고 있으면, 특히 불면증에 따른 장애에 관심을 의식적으로 둘 경우에 병에 걸린 사람을 앞에 두고 있다는 인상을 받을 뿐만 아니라 일의 능력이 저하되거나 사라져버린 사람을 앞에 두고 있다는 인상까지 받게 된다.

문제를 단순화하기 위해, 폭음(暴飮)이나 마약 복용에 따른 불면증은 여기서 논외로 하자. 또 육체적 원인에 따른 불면증도 논외로 하자.

그러나 수면제를 자주 복용하는 것도 불면증만큼이나 환자의 능률을 떨어뜨릴 수 있다는 사실에 대해 언급할 필요가 있다. 수면제에 의존하는 환자는 잠자리에서 늦게 일어나고, 졸음을 느끼거나 집중력이 떨어지는 것을 경험할 것이다. 그러다 보면 수면에 따른 후유증에서 회복하느라 하루 중 많은 시간을 보내게 된다.

한편 "후유증이 없는 치료 방법"은 그다지 좋은 평가를 듣지 못한다. 그런 방법들은 치료 초기에만 효과가 있거나 전혀 효과가 없을 수 있다. 또 그런 방법들은 대체로 외부 환경에 순종하며 온화한 성격을 가진 사람들에게만 효과를 낸다.

효과적이었던 치료가 갑자기 효과를 발휘하지 않는 경우가 간혹 있다. 이는 그 치료 방법을 대하는 환자의 태도가 달라졌음을 말해 준다. 환자가 의사의 노력이 소용없다는 점을 보여주기를 원하는 까닭에 그런 결과가 나타날 수 있다는 뜻이다.

성격이 완고하고 치료에 적극적이지 않은 신경증 환자들은 간혹 치료를 시작하는 단계에 불면증을 보이면서 그 탓을 의사에게 돌리려 든다. 이런 환자의 심리를 깊이 분석하고 들어가면, 과거에도 불면증이 자신의 상태가 악화되고 있다는 점을 드러내는 신호로, 그래서 어떤 일의 부담에서 풀려나거나 자신의 의지를 다른 사람에게 강요하는 수단으로 이용되어 왔다는 사실이 확인될 것이다.

우리가 환자의 설명을 바탕으로 추론하거나 직관적으로 느낄 수 있는 모든 것은 수면이 대단히 중요하게 여겨지고 있다는 점을 암시한다. 어떠한 의사도 수면의 중요성을 낮게 평가하지 않을 것이지만, 너무도 분명한 사실을 굳이 전면으로 부각시키는 환자 앞에선 그 환자가 그런 태도를 보이는 목적을 파고들어야 한다. 이처럼 수면을 두드러지게 강조하는 행위의 의미는 최종적으로 보면 환자가 자신의 어려운 상황을 인정해줄 것을 요구하는 것이다. 왜냐하면 불면에 대한 인정만 있어도 환자는 인생의 실수에 대한 책임에서 어느 정도 벗어날 수 있는 한편 성공에는 몇 배의 중요성을 부여할 수 있을 것이기 때문이다.

위협받고 있는 자신의 감정을 방어하는 무기로 불면증을 "배열" 하는 환자의 정신 과정을 추적하다 보면, 불면증의 발생이 환자의 위험한 상황과 어떤 식으로 연결되는지가 제대로 이해될 것이다. 환자는 불면증이라는 수단을 동원할 수 있겠구나 하는 느낌을 자신의 경험을 통해서나 다른 사람들의 경험을 지켜보면서 얻는다. 또는 불면의 고통이 환자 자신이나 주변 사람들에게 미치는 영향을 보면서도 그런 느낌을 받는다. 그렇기 때문에 의사 또는 치료에 채택된 방법들이 종종 환자의 느낌을 뒷받침하는 것으로 확인되더라도 전혀 놀랄 일이 못 된다.

바로 이 대목에서 개인 심리학이 효력을 발휘할 수 있다. 개인 심리학의 치료 목적은 환자가 자신의 계획에 대해 책임을 지지 않으려는 은밀한 욕망과 징후 사이에 밀접한 연결이 있다는 사실을 깨닫도록 하는 데에 있다.

그러면 환자가 자신의 불면증이 어떤 목적을 이루기 위한 수단이라는 점을 인정하고 또 불면증 때문에 자신의 운명이 뒤틀리는 것을 거부하는 즉시, 환자는 자신의 계획에 대해 책임을 지고 명확한 행동을 취하지 않을 수 없게 될 것이다.

불면증을 쉽게 보이는 사람의 유형은 꽤 잘 알려져 있다. 자신의 능력과 개인적 목표에 대한 확신이 부족한 사람들이 불면증을 자주 보인다. 그런 사람들에겐 자신의 성공을 과도하게 평가하거나 인생의 어려움을 과장하거나 삶을 직면하길 싫어하는 태도가 반드시 보일 것이다. 또 우물쭈물하는 태도와 결정을 내리는 데에 대한 두려움도 보일 것이다. 건강을 염려하거나 우울한 태도에서처럼 간혹 자신을 낮춰보는 경향도 보일 것이다. 요약하면, 불면증은 모든 신경증 환자의 삶의 방식에서 아주 중요한 연결 고리를 보여줄 수 있다.

불면증을 신속히, 또 확실히 치료할 수 있는 길은 없다. 그럼에도 불면증을 꼭 치료해야 한다면, 환자 본인에게 불면증은 치료 가능한 어떤 정신 질환의 한 징후라는 점을 직접적으로 알려줌으로써 성공 확률을 크게 높일 수 있다. 그 다음 단계는 의사가 환자에게 깊은 관심을 보임으로써 환자가 밤에 떠올리는 생각들의 본질을 파악하고 불면증에는 더 이상 관심을 두지 않도록 하는 것이다. 이 단계에서 간혹 불면증이 사라지고 잠을 아주 깊이 늦게까지 자는 현상이 나타날 수 있다. 늦잠도 불면증과 마찬가지로 환자가 임무를 성취하지 못하도록 막을 수 있다.

환자가 잠을 자지 않는 동안에 떠올리는 생각들은 두 가지 측면에서 대단히 중요한 것 같다. 그 생각들이 깨어 있기 위한 한 방법이거나 불면증을 일으키는 정신적 문제의 바탕을 담고 있을 수 있기 때문이다. 이 부분에 대해서는 다음 장에서 논할 것이다.

잠을 이루지 못하는 사람의 생각의 기차에서, 나는 언제나 다음과 같은 의미를 찾아낸다. 획득 불가능하거나 자신의 모든 것을 바쳐야만 겨우 획득할 수 있는 것을 어떠한 책임도 지지 않으면서 얻으려는 의도가 보이는 것이다. 물론 이 같은 의미는 "행간"을 읽거나 추론하는 방법을 통해 파악되지만, 맥락상 꽤 분명하게 나타나기도 한다. 따라서 불면증은 가상의 목표와 환자 사이에 "거리"를 만들어내야 하는 상황에서 꽤 적절하게 동원할 수 있는 징후의 집단에 속한다고 볼 수 있다.

개인 심리학의 임무는 환자가 세상을 대하는 태도를 이해하고 불면증이 개인적 어려움과 어떤 식으로 연결되는지를 밝혀내는 데에 있다. 이 과정에 진정으로 중요한 부분은 환자가 품고 있는 거짓된 생각을 환자에게 그대로 드러내 보여줌으로써 환자가 그 생각에서 벗어나도록 하는 것이다. 동시에 환자가 무책임한 태도를 버리고 자신의 무의식적인 허구에 대해서까지 책임을 지고 나서도록 조심스럽게 강요하는 것이 개인 심리학자의 임무이다.

환자가 불면증을 일으키는 방법은 비교적 간단하며 쉽게 이해된다. 그 방법은 사람이 일부러 잠을 자지 않으려고 노력할 때 쓰는 방법과 정확히 일치한다.

몇 가지 예만 보도록 하자. 카드놀이를 하거나, 다른 사람을 방문하거나, 침대에서 끊임없이 몸을 움직이거나, 사업에 관한 생각에 잠기거나, 온갖 어려움에 대해 생각하며 과장하거나, 계획을 짜거나, 숫자를 헤아리거나, 공상에 빠지거나, 잠을 자야 한다는 생각을 끊임없이 하거나, 시계 바늘 소리에 정신을 집중하거나, 잠에 들었다가 꿈이나 통증이나 놀라움에 깨어나거나, 침대를 빠져나와 방 안을 이리저리 서성거리거나, 새벽 일찍 잠에서 깨어나는 방법이 있다. 이런 것들은 책임에서 벗어날 필요가 있다는 생각이 들 때마다 쉽게 동원할 수 있는 방법들이다.

예를 들어, 어떤 환자는 시험공부를 하기 위해 이튿날 아침 일찍 일어나기로 결정할 수 있다. 그런데 이 환자는 자신의 불면증이 성실성을 보여주려는 계획을 망쳐놓지 않을까 두렵다. 그런 심리적 상태에서 그는 이튿날 잠에서 깨어난다. 새벽 3시에. 그 이후로 잠을 이루지 못하고 자신의 이상한 운명에 대해 불평을 터뜨린다. 그러면 그는 불면증을 탓하면서 시험에 대한 책임에서 어느 정도 자유로울 수 있다. 미리 정한 시간에 깼을 가능성에 대해 의심하는 사람이 있을까?

많은 예들 중에서, 아주 드물지만 환자가 머리를 침대 모서리 밖으로 내민 채 아래쪽으로 드리우거나 머리를 벽에 기대야만 잠을 이루는 예도 있다. 많은 사람들은 지나치게 예민한 환자들이 온갖 소리나 빛을 차단하려 드는 방법을 보고 터무니없다는 생각을 품을 것이다. 당연히 실패하게 되어 있는 그런 방법을 동원하느라 오히려 잠을 들지 못하는 결과를 낳으니 말이다.

나의 견해를 쉽게 설명하기 위해 몇 가지 예를 제시할 생각이다. 의식적인 행동고 병의 목적이 자기 아내를 지배하거나 귀찮게 만드는 것인 어떤 환자는 본인의 표현을 빌리면 약간의 소음에도 잠을 깨는 탓에 불면증으로 고통을 받기 시작했다. 그의 옆에서 잠을 자는 아내의 숨소리까지도 그를 괴롭혔다. 그래서 의사는 그에게 혼자 잠을 자도록 권했다.

지독한 자만심 때문에 그림을 마무리해서 대중 앞에 전시하지 못하는 화가가 있다. 이 화가는 밤에 잠을 자다가 다리에 경련이 일어났다. 그래서 그는 침대를 빠져 나와 방 안을 몇 시간이나 걸어 다녀야 했다. 이튿날 그는 당연히 일을 제대로 처리하지 못했다.

가족을 보다 효과적으로 지배하기 위해 광장공포증을 앓고 있는 어떤 여자 환자는 그런 식으로 노력함에도 불구하고 남편이 밤에 술집에 가는 것을 막지 못했다. 그녀는 밤에 놀라 괴로운 소리를 지르며 몇 번씩이나 깨는 버릇이 생겨 남편을 괴롭히게 되었다. 그녀가 남편을 얼마나 괴롭혔던지, 이튿날 밤에 남편이 졸려서 다른 때보다 빨리 집으로 들어왔다. 따라서 그녀는 목표를 성취하게 되었다.

또 다른 환자는 자신의 뜻과 상관없이 이따금 여행을 해야 하는 상황이었다. 그는 일반적으로 자신뿐만 아니라 다른 사람들에게도 자신이 위경련 때문에 끊임없이 수면을 방해받는 탓에 일을 처리하는 능력이 떨어지게 되었다는 점을 입증하려 들었다. 그의 상태는 거의 나아지지 않았다. 그러자 그는 두 가지 아이디어를 고안해냈다. 당연히 자신이 일을 제대로 처리하지 못하는 데에 대한 핑계였다.

그는 아침에 말을 타는 것이 건강에 매우 좋다는 것을 알아냈으며, 그래서 새벽 여섯 시에 잠자리에서 일어나야 했다. 아침에 일찍 일어나야 함에도 불구하고, 그는 전날 밤에 자정이 되어서야 잠자리에 들곤 했다. 집을 떠나 타지에서 지낼 때에는 잠을 자는 침대로 자신의 신체를 단련한다는 목적으로 야전 침대를 하나 샀다. 두 경우 모두 수행력을 떨어뜨리는 결과를 낳았다.

분명히, 수면을 조절하는 메커니즘의 장애(고통스런 혈관 질환과 신장병, 정신적 충격 등) 때문에 일어나는 불면증도 있다. 신경성 불면증은 이와 완전히 다른 성격의 불면증이다.

6장

수면 장애에 대한
개인 심리학의 결론

간헐적으로 일어나는 기절로 오랫동안 고생해 온 환자가 있었다. 그런데 분석을 통해 드러난 것처럼, 이 환자는 기절 발작을 통해서 가족, 특히 어머니를 지배하려는 목표를 달성해왔다. 이 환자가 한 번은 엄청난 공포에 떨면서 이틀 밤을 꼬박 새운 상태에서도 새벽 3시까지 잠을 이루지 못했다. 환자의 상황은 대충 다음과 같았다.

그는 부모와 함께 칼스바트(현재 체코의 카를로비바리를 일컫는다/옮긴이)로 여행을 떠나기로 되어 있었다. 그러나 그 예행은 몇 가지 예측하지 못한 어려움 때문에 2주 연기되어야 했다. 이 결정이 내려진 날 밤, 환자는 엄청난 무서움을 느끼면서 잠을 이루지 못했으며 옆방에서 자고 있던 유모를 깨웠다. 그러자 당연히, 환자가 충분히 예측했듯이, 어머니도 곧 환자 앞에 나타났다.

환자는 그 앞의 치료와 관련해서 오랫동안 복용해 오던 진정제를 요구했다. 새벽 1시부터 3시까지 깨어 있다가, 환자는 잠에 들었다. 이튿날에도 똑같은 일이 벌어졌다. 첫째 날 밤에는 깨어 있는 동안에 어떤 타자기에 대한 생각이 환자의 머리에 떠올랐으며, 둘째 날 밤에는 생각이 고르츠(이탈리아 북부의 고리치아)나 부트바이스(체코의 체스케부데요비체), 고야우(체코의 카요프) 같은 도시로 떠돌아다녔다. 환자는 고야우에 대해 도시라고 알고는 있었지만 그 도시가 어디에 있는지에 대해서는 몰랐다.

환자는 이런 내용의 꿈을 꾸었다. "칼스바트로부터 어머니의 총애를 받던 형이 죽었다는 소식이 왔던 것 같다. 나는 슬픔을 표하는 한편으로 그 소식을 떠벌리고 다녔다." 이 꿈을 분석한 결과, 그가 한때 어머니의 사랑을 독차지하던 형이 죽었으면 좋겠다는 소망을 품었던 것으로 확인되었다. 그러나 그 장면을 칼스바트로 바꿔놓은 것은 여기선 그 소망의 대상이 아버지라는 점을 암시한다. 환자는 분명히 아버지를 존경했지만, 그럼에도 아버지의 죽음을 바라고 있었다. 그러면 환자는 아버지가 사랑하지 않는 어머니를 자기 혼자 독차지할 수 있을 것이었다.

어머니를 차지하는 것이 그의 전투의 목표, 즉 그의 지배와 삶의 의지의 상징이 되었다는 점을 고려한다면, 또 그가 그때까지 갖지 못했고 또 앞으로도 절대로 갖지 못할 것들을 어머니를 지배함으로써 얻을 수 있다고 몇 년 동안 믿어왔다는 사실을 고려한다면, 복잡해 보이는 이 수수께끼도 꽤 쉽게 풀린다. 그는 자신이 경험한 모든 실패를 자기 어머니가 자신에게서 무엇인가를 빼앗아 가는 것으로 보았다.

어머니를 지배하는 것이 지배의 상징이 되었기 때문에(여기에 성적 동기는 거의 없다), 그는 완전히 환각적인 생각(달리 부를 이름이 전혀 없다)에, 말하자면 자기 어머니를 갖게 되면 자신이 지배자가 되고 카이저가 되고 신이 될 것이라는 환상에 사로 잡혀 살고 있었다.

그가 불면의 밤에 떠올린 타자기는 형의 것이었으며, 그의 형은 그가 타자를 연습하고 싶어 하는데도 타자기를 사용하지 못하게 했다. 한번은 형이 파리로 여행을 가면서 타자기까지 갖고 간 적이 있었다. 그랬던 형이 최근에는 여름 동안 머물 곳을 보러갈 때 어머니까지 데리고 갔다.

내가 이런 식으로 여러 가지 사건을 제시한다고 해서 어떤 발작을 설명하려면 수치스런 성격의 원인이 다수 필요하다고 주장하려는 것은 아니다. 그러나 과반의 예를 보면, 거기엔 여러 가지 원인이 복합적으로 작용하고 있는 것이 확인된다.

이 환자의 예를 보면, 먼저 좌절된 기대가 있다. 여행이 연기되었다. 그 다음에는 어머니가 형과 함께 외출한 일이 있다. 두 가지 사항을 고려하면, 형이 환자를 지배하고 있다는 사실이 꽤 분명하게 확인된다. 마찬가지로 형에 대한 어머니의 편애가 환자에게 어떤 느낌으로 다가오는지도 파악되고, 환자가 그 편애에 공격성과 형이 죽었으면 좋겠다는 소망까지 품는다는 것이 드러난다.

간질과 다르지 않은 기절 발작을 통해서, 환자는 자신이 좌절을 겪은 몇몇 경우에 어머니가 자신에게 더 많은 관심을 갖도록 하는 데 부분적으로 성공했다. 시간이 좀 지나면 그가 불만을 느끼는 것은 마찬가지였지만 말이다.

이 기절 발작은 갈수록 조금씩 약해졌는데, 이는 아마 그가 발작의 본질을 파악하게 된 때문이 아닐까 싶다. 공포를 수반하는 밤의 발작으로도 환자는 비슷한 결과를 누릴 수 있었다. 아니, 그 이상의 것을 누릴 수 있었다. 어머니가 밤에 그의 방으로 달려와서 그의 예민한 성격이 차분히 가라앉을 때까지 그의 곁에 머물러야 했으니 말이다. 타자기와 연결된 그의 생각이 의미하는 것도 바로 이런 것이다. 그가 불면증을 꼭 그런 식으로 보이는 이유도 바로 거기에 있었다.

그의 태도가 다른 사람들을 자신에게로 오게 하려는 목적을 갖고 있다는 사실은 별로 중요하지 않은 다른 디테일에서도 확인된다. 말하자면 이튿날 환자가 평소처럼 자신이 나에게 오지 않고 내가 그에게로 오도록 요청한 것이다.

또 다른 질문은 이것이다. 그가 왜 공포를 느낄 생각을 했을까? 그리고 그가 불면증 같은 것을 동원한 이유는 무엇일까?

첫 번째 질문에 대한 대답은 그의 성격 분석에 의미를 지니는 자료에서 끌어낼 수 있다. 그는 어린 시절에 기차와 기적 소리를 무서워했으며 이 두려움을 이용해서 어머니가 자기에게 오도록 했다. 그럴 때면 그는 어머니의 무릎에 머리를 묻을 수 있었다. 이것 말고는 그는 언제나 용감한 아이였다.

따라서 여기서 그가 밤에 느끼는 공포는 기차와 관계있다고 짐작할 수 있다. 그가 칼스바트로 여행을 하고 싶어 했고 그의 형이 자기 어머니와 기차를 함께 타고 집을 떠난 적이 있다는 사실을 우리는 잘 알고 있지 않은가?

그가 잠을 이루지 못하던 둘째 날 밤에 타자기만 아니라 오스트리아에 있는 고르츠라는 도시와 부트바이스 근처에 있는 것으로 확인된 고야우에 대한 생각까지 떠올랐다. 그는 베네치아에서 부트바이스로 여행하는 길에 그의 어머니를 만나러 고르츠에 간 적이 있다. 그때 그는 밤 1시에 부트바이스에 도착해 그 역에서 2시간 기다렸다가 3시에 다시 침대차로 출발해야 했다. 그는 3시에 잠이 들었다. 그렇다면 밤 1시와 3시 사이의 간격은 그가 잠을 이루지 못한 이틀 밤 동안에 공포로 고통을 겪은 시간이었다.

달리 말하면, 그의 두 차례 발작은 부트바이스를 찾았던 여행의 반복이었으며, 따라서 그는 자신의 정신적 조건이 어머니와 둘이서 부트바이스를 여행할 그날까지 기다릴 수 없는 상황이라는 점을 암시했다. 이런 조급증은 더위에 대해 언급하면서 "베네치아를 즉각 떠나야겠어."라는 식으로 끊임없이 불평하는 데서도 잘 나타나고 있다.

그는 처음에는 고야우라는 도시에 대해 전혀 아무것도 생각하지 못했다. 철도 안내 책자를 참고하고 나서야 그곳이 부트바이스와 지선(支線)으로 연결되는 곳이라는 사실을 알았다. 여기서도 다시 죽음에 대한 생각이 일어나고 있다고 할 수 있다. 왜냐하면 이 지선이 "블랙 크로스"라 불리는 역에서 끝나기 때문이다.

그가 밤 1시에 깨어난 것은, 말하자면 그가 칼스바트 행 기차를 기다리면서 부트바이스에서 잠을 자지 못하게 된 바로 그 시간에 잠에서 깨어난 것은 환자가 꿈속에서 정신적으로는 예전에 어머니 없이 했던 부트바이스 여행을 하고 있었다는 점을 분명히 보여주었다. 그러나 이번에 그는 불면증과 함께 유아적인 공포를 "배열"함으로써 어머니가 자기 방으로 오게 한다는 개인적 야망을 성취하려고 시도했다.

그때 그의 정신 상태는 이런 식으로 묘사될 수 있다. "내가 어머니가 나에게 복종할 때까지 혹은 형이나 아버지가 죽을 때까지 기다릴 필요가 없다면, 나도 형이 했던 것처럼 어머니와 함께 여행할 수 있을 거야." 따라서 기적 소리가 울릴 때면 어머니가 두 손으로 그의 귀를 감싸곤 하던 어린 시절의 그런 총애를 다시 받고 싶어 하는 그의 소망이 (어린 시절) 추억으로 내달렸다. 그의 불면증이 부트바이스와 연결되었던 것처럼. 그때 그는 공포와 불면증을 이용해서 어머니를 지배하고 아마 어머니가 그 여행을 하도록 설득시켰을 것이다.

특히 이 예는 환자가 잠을 자는 동안에도 그의 인격이 추구하고 있는 이상(理想)을 이루려는 노력은 좀처럼 쉽지 않는다는 점을 보여주고 있다.

불확실성의 지배를 받는 모든 예에서와 마찬가지로, 환자가 미래의 일을 예상하며 계략을 구상하는 범위는 환자의 개인적 경험에 좌우된다. 아주 많은 이유로, 계략의 구상에는 대단히 추상적인 경험, 말하자면 성취하고자 하는 생각의 본질과 가장 가까운 기억들이 이용된다. 왜냐하면 이 기억들이 경고나 자극의 가치를 지니기 때문이다. 이때 이 추억들이 선택되는 이유는 그것들이 위험이 발생한 동안에 효과가 입증되었기 때문이 아니라 전체 인격에 가장 잘 들어맞는 것처럼 보이기 때문이다.

그러나 이 추억들은 이런저런 이유로 정말 효과를 발휘할 것임에 틀림없다. 그렇지 않다면 금방 포기되었을 것이기 때문이다. 이 같은 주관적인 평가는 객관적인 의미를 지닐 필요가 전혀 없다. 필요한 것은 신경증의 배열이 신경증 환자의 가상의 목표를 성취하는 길을 따라 이뤄지게 하는 것뿐이다. 앞의 예에서 유일하게 요구되는 것은 그가 환경 속에서 우뚝 서야 한다는 점뿐이다. 이 환자는 어머니가 본인의 뜻과 반대로 그를 돕도록 만들었다.

다음 예는 충족되지 못한 허영심이 사고 기능의 팽팽한 긴장 때문에 불면증으로 이어지는 과정을 세밀하게 보여준다. 고대 그리스의 올림픽 선수 밀티아데스(Miltiades)의 월계관이 알키비아데스(Alcibiades)가 잠을 이루지 못하게 만든 것과 비슷하다. 정말로 허영심을 충족시키지 못할 경우에 불면증을 자주 겪게 된다. 이런 환자는 마치 자기 자신을 지키고 있는 사람처럼 보인다.

여기 분석 대상이 된 사람이 의사라고 해서, 이 예에 대한 관심이 반감되지 않기를 바란다. 이 의사를 분석해야 했던 이유는 의사 본인이 털어놓은 이야기 안에 담겨 있다. 그가 전하는 사건은 이런 식으로 전개되었다.

"타이타닉 호(영국의 북대서양 횡단 여객선으로 1912년에 빙산과 충돌해 침몰했으며, 이 사고로 1,514명이 사망했다/옮긴이)의 무시무시한 재앙을 떠올리면서, 나는 그 사건이 나에게 영향을 미치는 과정을 연구할 수 있었다. 시간이 조금이라도 나면 나 자신도 모르게 나는 그 재앙에 대해 말하고 있었다. 그러면서 물에 빠진 사람들을 구할 수단을 강구할 수 없었을까 하는 문제를 거듭 제기하고 있었다.

"어느 날 밤 나는 잠을 자다가 깨어났다. 진짜 심리학자처럼 나는 스스로에게 질문을 던졌다. 평소에 잠을 아주 편하게 자는 내가 왜 자꾸 잠을 깨지? 만족스런 대답을 찾지 못하다가 잠시 뒤에 나 자신이 어떻게 하면 타이타닉 호의 승객들을 구할 수 있었을까 하는 문제에 대해 다시 심각하게 생각하고 있다는 사실을 깨달았다. 그 직후, 새벽 3시쯤에 나는 다시 잠이 들었다.

"그 다음 날 밤에도 나는 다시 자다가 깼다. 시간을 보니 2시 반이었다. 다양한 불면증 이론들이 머리를 스쳐 지나갔다. 그 이론 중 하나는 잠을 자다가 깨는 버릇이 생기면 거의 언제나 똑같은 시간에 일어나게 된다는 것이었다. 그러다 갑자기 나는 나 자신이 잠을 깨는 행위의 본질을 직관적으로 깨달았다. 타이타닉 호가 2시 반에 침몰했던 것이다. 잠을 자는 동안에 나는 그 배의 승객이 되어 침몰이라는 무서운 상황과 나 자신을 동일시하면서 배가 침몰한 시간에 이틀 연달아 잠을 깼다.

"둘째 날 밤에도 나의 생각은 그런 상황에서 나 자신과 다른 사람들을 구할 수 있는 수단을 찾는 방향으로 흘러갔다. 동시에 나는 이 대목에서, 야망을 추구하는 한편으로 조심성을 보이면서 이 두 가지를 안전하게 확보하기 위한 예방적 시도가 작용하고 있는 것은 아닌가 하고 의심했다. 나는 오랫동안 마음속에 간직해 온 목표인 미국 여행이 과학적으로 인정을 받으려는 나의 노력을 상징한다는 것을 별 어려움 없이 깨달을 수 있었다.

"아주 무서운 위험과 나와 가까운 사람들에게 이런 식으로 반응하는 것은 나의 개인적 태도를 반영한다는 점을 이해하는 데는 별 어려움이 없었다. 곧 나는 그 연결을 발견했다.

"나는 의사이다. 그렇기 때문에 죽음을 물리칠 방법을 발견하는 것은 나의 의무이다. 이런 관점에서 보니, 많은 것이 나에게 익숙하게 다가왔다. 그건 내가 잘 아는 분야였다. 죽음과의 싸움은 내가 의사라는 직업을 선택하도록 만든 가장 큰 충동의 하나였다. 다른 많은 의사들과 마찬가지로, 나도 죽음을 정복하기 위해 의사가 되었다. 의사의 길로 이끈 사건은 대체로 보면 실제로 경험한 위험한 상황이나 치명적인 병이다.

"어린 시절에 죽을 뻔한 경험을 여러 차례 한 것으로 기억된다. 구루병을 앓은 뒤로는 몸의 움직임이 불편한데다 성대에 가벼운 경련까지 있었다. 이 성대 문제는 훗날 의사로 활동할 때 아이들 사이에서 자주 확인되었다. 아이가 우는 동안에 성문이 수축되고 따라서 호흡이 멈추고 소리가 나지 않는 상태가 나타날 수 있다. 그러면 울음이 방해를 받게 되고, 경련이 일어난다. 이런 경우에 호흡이 멈추게 되면 대단히 불편했던 것으로 기억된다. 그때 나의 나이 겨우 세 살 정도였던 것 같다. 호흡 장애에 따른 불편함은 말할 필요도 없고, 부모의 불필요한 놀람과 의사의 염려가 나로 하여금 불안하고 불확실하다는 감정을 품도록 만들었다. 또 한 번은 기침 발작을 일으킨 직후인데 어떤 치료법도 듣지 않았기에 그때 나 자신이 직접 문제를 해결하고 말겠다고 다짐했던 기억도 난다. 그 같은 생각이 다른 사람의 암시 때문이었는지 아니면 나 스스로 한 것인지, 지금은 잘 모르겠다. 그러나 나는 어쨌든 더 이상 울지 않기로 마음을 먹었으며, 그 이후로 울고 싶은 마음이 생길 때마다 나는 애써 울음을 참았는데 그러면 기침이 멈췄다. 그때 아마 나는 통증을 다스리는 방법을, 어쩌면 죽음의 공포를 다스리는 방법을 발견했을 것이다.

"내가 세 살이 된 직후에, 남동생이 죽었다. 나는 그때 죽음의 의미를 이해했다고 믿고 있다. 나는 남동생이 숨을 거둘 때까지 옆을 지켰으며, 내가 할아버지 댁으로 보내졌을 때 다시는 동생을 보지 못할 것이라는 사실을, 또 동생이 묘지에 묻힐 것이라는 사실을 알았다. 장례식이 끝난 뒤에 어머니가 나를 데리러 왔다. 그녀는 매우 슬퍼했고 그 전까지 틀림없이 울고 있었겠지만 할아버지가 어머니의 기분을 달래주기 위해 가벼운 농담으로 아이를 하나 더 낳는 이야기를 하자 살짝 미소를 지어보였다. 그날 이후 나는 오랫동안 그런 미소를 지은 어머니를 용서하지 못했다. 어쩌면 어머니에 대한 나의 분노가 나 자신이 죽음의 두려움을 깨달았다는 사실을 암시한다고 말해도 무방할 것이다.

"네 살 때, 나는 마차 밑으로 두 번이나 들어갔다. 내가 기억하는 것은 통증 때문에 끙끙거리며 깨어났는데 침대에 누워 있었다는 사실밖에 없다. 거기 침대까지 어떻게 갔는지는 전혀 기억나지 않았다. 분명히 나는 무의식 상태에 있었다.

"다섯 살 때 나는 폐렴에 걸려 의사로부터 사망 선고를 받았다. 그러나 다른 의사가 새로운 치료 방법을 제안했고, 그 덕에 나는 며칠 만에 회복할 수 있었다. 나의 회복을 크게 기뻐하는 분위기에서, 내가 죽음 직전까지 갔다는 이야기가 이후에도 오랫동안 회자되었다. 내가 미래의 직업으로 의료계 종사자를 그리기 시작한 것도 그때쯤이었던 것으로 기억된다. 달리 말하면, 나 자신이 유아기에 죽음에 대한 걱정과 불안을 극복할 어떤 목표를 설정했다는 뜻이다. 나는 그 직업이 안겨줄 수 있는 것보다 더 많은 것을 기대했던 것이 분명하다. 인간의 힘으로 죽음이나 죽음에 대한 공포를 극복할 수 있을 것이라고 기대해서는 곤란하고, 그 문제라면 신에게 맡겨야 하기 때문이다. 그러나 어쨌든 삶은 행동을 요구한다. 따라서 나는 '삶을 안내하는 픽션'(guiding fiction)에 변화를 줄 때 나의 목표를 현실에 가까운 쪽으로 바꾸지 않을 수 없었다. 나는 죽음과 죽음에 대한 공포를 정복하기 위해 직업을 의사로 선택하게 되었다.

"약간의 정신 지체가 있는 소년이 이와 비슷한 인상들, 말하자면 여동생의 죽음과 어린 시절부터 겪은 병, 죽음에 대한 지식 등을 근거로 직업을 선택하면서 품은 공상을 근거로, 나는 이 소년이 나에게 들려준 바와 같이 자신은 묻히지 않고 다른 사람들을 묻을 수 있다는 이유로 무덤 파는 사람이 되기로 결정했다는 사실을 알 수 있었다. 이 소년은 훗날 신경증 환자가 되었는데, 이 소년의 생각들이 지닌 대조적인 측면, 즉 위 혹은 아래, 능동 혹은 수동, 망치 혹은 모루 등이 중도의 길이 발달하지 못하도록 막았다. 반복적으로 나타나는 유아기의 픽션이 무관심의 단계에서 바로 모순의 단계로 넘어갔던 것이다.

"다음 경험은 내가 장래 직업을 선택할 때, 즉 다섯 살 때쯤에 있었던 일이다. 친구의 아버지가 나에게 나중에 커서 뭐가 될 거냐고 물었다. 나는 장래 희망이 의사라고 대답했다. 그러자 의사들과 좋지 않은 경험이 있었던 것 같은 친구의 아버지가 느닷없이 '그렇다면 널 전봇대에 매달아야겠구나!'라고 큰 소리로 말했다. 그런데도 친구 아버지의 외침이 기분 나쁘게 들리지 않았다. 내가 미래의 직업으로 의사를 선택하게 한 생각의 본질 때문이었다. 나는 당시에 어떠한 사람도 반감을 품지 않을 그런 훌륭한 의사가 되겠다고 생각하고 있었다.

"그 직후 나는 공립 초등학교에 들어갔다. 학교 가는 길에 공동묘지가 있었던 것으로 기억난다. 나는 공동묘지를 지나갈 때마다 공포를 느꼈으며, 다른 아이들이 묘지에 관심조차 주지 않은 채 지나다니는 모습을 보고는 주눅이 들었다. 나의 경우엔 걸음마다 공포를 느꼈으니. 이 두려움에 수반되는 극도의 불편함과 별도로, 나 자신이 다른 아이들에 비해 용기가 크게 부족하다는 생각도 참기 힘들었다. 그래서 어느 날 나는 죽음에 대한 두려움을 털어내기로 마음을 먹었다. 다시 나는 나 자신을 강하게 단련시키는 방법을 택하기로 결심했다. 나는 다른 아이들로부터 멀찍이 떨어진 상태에서 책가방을 공동묘지 가까운 담벼락에 갖다 놓고 담을 따라 열두 번씩 달렸다. 그런 식으로 훈련을 하면서 시간이 조금 지나자, 죽음에 대한 공포가 극복되었다는 느낌이 들었다. 그 이후로 나는 공동묘지가 있던 그 길을 아무런 두려움 없이 걸을 수 있었다.

"그리고 30년 뒤에 나는 옛날 학교 친구를 만나 학창 시절의 추억에 얽힌 이야기를 나누었다. 불현듯 공동묘지가 없어졌다는 생각이 들어서 나는 옛날에 공동묘지에서 느꼈던 불편한 감정을 떠올리면서 친구에게 묘지가 어떻게 되었는지 물었다. 그런데 놀랍게도 이웃에 나보다 더 오래 살았던 옛 친구가 학교 가는 길에 공동묘지가 없었다고 말하지 않는가. 그때 나는 공동묘지 이야기는 죽음에 대한 공포를 극복하려는 나의 욕망을 위한 하나의 픽션에 지나지 않는다는 사실을 깨달았다. 삶의 다른 관계들과 마찬가지로, 그 이야기는 죽음과 죽음에 대한 공포도 극복될 수 있고 또 극복하는 방법도 반드시 존재한다는 점을 나에게 보여줄 목적이었다. 그 이야기는 정말로 나에게 굳은 결심 같은 역할을 했으며, 그 결과 나는 결정적인 상황에서 공포를 극복하는 방법을 발견하는 데 성공했을 수 있다. 그리하여 나는 유아기의 공포를 물리쳤고 또 의사가 되었으며, 그런 식으로 나는 지금도 여전히 정신적인 문제들에 대해 깊이 생각하고 있다. 타이타닉 호의 재앙과의 연결 속에서 생각하듯이.

"나의 야망은 죽음의 극복이라는 '삶을 안내하는 픽션'에 너무나 강하게 고착되어 있기 때문에 다른 목표들은 나의 관심을 거의 끌지 못한다. 어쩌면 나는 중요한 인간관계에서 야망이 부족하다는 인상을 풍겼을지 모른다. 일부 사람들이 인격 분열이라 부르는 이런 이중적인 삶에 대해 설명하자면 이렇다. 야망은 결국 어떤 목표를 보여주는 것이 아니라 그 목표에 이르는 수단을 보여주는 것이며, 따라서 예상한 어떤 목표의 성취가 야망이 없어야 쉬운지 아니면 야망이 있어야 쉬운지에 따라서 야망이 이용되기도 하고 옆으로 밀쳐지기도 한다."

이 짧은 분석은 내가 건강한 정신에나 병에 걸린 정신에나 똑같이 작용한다는 점을 입증한 그 역학을 그대로 보여주고 있다. 밤에 잠을 깨는 것은 과거(불확실성)와 현재(비양심적인 사람들 때문에 일어나는 위험), 미래(수단 모색), 삶을 안내하는 목표(죽음의 극복)를 반영하고 있는 삶의 한 상징인 것으로 입증된다.

수면을 방심 같은 것으로 볼 수도 있다. 그 목적은 사회적 조건의 영향을 받는 낮 시간의 사고, 즉 사회적으로 조정되는 사고가 휴식을 취하도록 하고, 또 사회적 매개의 기능과 순수하게 개인적이고 신체적인 것을 초월하려는 경향을 갖고 있는 감각기관들이 일시적으로 기능을 중단하도록 하는 데에 있다.

수면 중에 신체적 삶과 정신적 삶은 미리 정해진, 그래서 이전 시기에 속하는 정신에게 맡겨진다. 그러면 이 정신은 전날의 정신적 활동들을 파악한 다음에 이 활동들이 애초에 추구하던 방향으로 다시 향하도록 지휘한다. 꿈과 같은, 의식적인 관념적 과정의 잔재들은 이런 전향적인 정신 활동을 환각 형식으로 표현한다. 꿈은 절대로 어떤 행동의 원인이 될 수 없으며, 반드시 이해 가능할 필요도 없다. 꿈은 일반적으로 그 표현이 추상적이고 단편적이기 때문에 행동의 원인으로는 적절치 않은 것으로 여겨진다. 꿈이 이해 불가능하거나, 어떤 행동을 촉발하거나 촉발하는 것처럼 보이거나, 무엇인가를 끌어당기거나 퇴짜를 놓거나 경고하는 것처럼 보일 때, 그 꿈은 개인적으로 준비된 어떤 경향의 영향을 받고 있다. 꿈이 기억하는 것들이나 망각하는 것들에 대해서도 똑같이 말할 수 있다. 기억과 망각이 앞에 언급한 경향에 의해 일어나기 때문이다.

수면 장애도 똑같은 경향에 의해 일어난다. 첫 번째 예에서 확인하듯이, 불면증은 개인적 우위를 확보하는 수단으로 아주 효과적인 것으로 확인될 때마다 언제든 끄집어내 사용할 수 있도록 안전하게 보호된다. 이런 해석과 모순되는 것 같은, 환자들의 불평도 단순히 수면 장애가 누릴 위신을 더욱 돋보이게 만드는 데 이바지할 뿐이다.

이 환자들의 불면은 엄밀히 계획된 바에 따른 것이다. 물론 불면증 자체는 공포나 고통의 기제 또는 미지의 동기에 따른 임의적인 행위에 의해 무의식적으로 이어진다.

꿈들이 부차적인 중요성을 지니거나 심지어 중요성이 없을 수도 있다는 점은 두 번째 예에서 잘 드러나고 있다. 광범위한 자료를 근거로 하면, 이 환자의 간헐적인 불면증은 깨어 있을 때의 생각이 의문의 여지없이 권위를 인정받는 환자 자신에 대한 강력한 믿음으로 해석하는 것이 타당하다. 이 환자에게 이틀 밤 동안에 꿈이 없었다는 사실은 전혀 특별하지 않다. 꿈 분석의 문제들을 잘 아는 그는 꿈을 매우 드물게 꿨다. 이유는 아마 그가 행동을 위한 준비를 보다 훌륭하게 함에 따라 꿈들의 가치와 중요성이 크게 떨어졌기 때문일 것이다.

첫 번째 예에서, 우리는 다소 의문스러워 보이는 어떤 방향성을 분명히 확인할 수 있다. 모호한 어떤 의견을 확보하기 위해서 필요하다면 죽음까지도 불사하려 드는 자기 경멸적인 의지(간질성 신경증)가 보이는 것이다.

이 환자가 밟을 최종적 과정은 그다지 분명하지 않다. 그럼에도 간질의 역할을 파악할 기회가 될 수 있기 때문에 그 과정을 간과해서는 안 된다.

심리 치료를 받게 되면, 발작에 대한 설명도 쉬워지고 발작을 예측하는 것도 가능해진다. 또 증상도 약화되고 심지어 횟수를 어느 선까지 줄이는 것도 가능해진다.

뇌수술을 할 것인지 여부를 결정하기 위해 1개월 동안 관찰에 들어가자, 2주마다 규칙적으로 일어나던 발작이 갑자기 멈추었다. 나의 치료를 통해서 환자는 발작의 강도를 약화시키는 효과를 누리고 동시에 보다 자유로운 태도와 보다 사교적인 성격을 즐길 수 있었다. 그가 고집과 완고한 성격 때문에 나의 치료를 포기하기 직전에, 나는 그가 소화 장애를 일으키는 방향으로 무의식적으로 노력하고 있다는 점을 보여주었다.

치료를 중단하고 며칠 지나지 않아서 그는 오랫동안 이어져 오다가 잠시 멈췄던 황달이 다시 발생했다. 나는 이 환자의 개인사에 대한 정보를 추가로 제공할 수 있다. 제삼자를 통해서, 나는 그가 분노를 자주 폭발시켰으며, 짧은 시간 동안 정신 착란 상태를 보였다는 것을 알았다. 정신 착란 상태에 빠질 때면, 그는 카이저의 역할을 했다(카이저의 역할을 하나의 상징으로 이용했던 그의 무의식적 공상을 근거로 나는 이렇게 추론했다). 치료를 중도에 포기하고 반년 뒤, 그는 간질 발작이 아니라 분노의 폭발이 일어난 짧은 시간 동안에 심장 기능이 떨어져 세상을 떠났다.

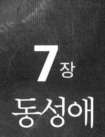

7장
동성애

우리 모두가 받아들이고 또 우리 모두가 언제나 진정하다고 느끼는 어떤 조건과 규칙을 자율적으로 개발하는 것은 인간 연대의 본질에 속한다.

"그리스인의 사랑"(Greek love: 동성애를 뜻하는 완곡한 표현/옮긴이)에 관한 역사적 자료는 대단히 복잡하고 지루하다. 그렇기 때문에 동성애에 관한 심리학적 분석의 역사를 간단히 제시하길 원한다면, 종합적인 관점을 찾아야 한다.

과학자들과 보통 사람들의 최대 관심사는 동성애가 유전인가 하는 문제이다. 동성애자로 세상에 태어나는 개인이 있는지 여부가 중요한 관심사라는 뜻이다.

이 문제를 대하는 태도는 다양하다. 한 집단은 남자 동성애자의 경우에 유전적 요소보다는 다소 여성적인 유형의 어떤 콤플렉스 때문인 것으로 본다. 다른 집단은 동성애에 어떤 유전적인 요소가 있으며 이 요소가 특별히 강화될 때 동성애가 나타나게 된다고 믿고 있다.

물려받은 여성적인 요소, 즉 여자처럼 보이는 측면이 남자 동성애자들 사이에서 여자에게서 확인되는 것보다 더 강하게 나타난다고 주장하는 사람은 아무도 없다. 그럼에도 동성애자들을 진단하는 전문가들은 여성적인 경향을 가졌거나 여성적인 방향을 추구하는 가운데 남성적인 경향을 보이지 않는 것 같은 사람들을 거의 예외 없이 발견한다. 반면에, (정상적인) 여자들은 남성적인 경향들을 자주 보인다. 이런 것들이 습득되는 특징이 아니고 유전되는 특징이라고 주장하는 사람들에게는 이 같은 사실들이 꽤 불리하게 작용한다. 그러면 남성적인 욕망은 어디에 있는가, 하는 물음이 당연히 제기될 것이기 때문이다.

이 대목에서 덧붙여 말하자면, 남성적인 욕망은 없는 것이 아니라 동성애의 여성적인 태도 때문에 뒤로 멀찍이 밀려나 있다. 그래서 여성성과 남성성의 부조화가 특별히 더 두드러져 보이게 된다.

두 번째 반대는 우발적인 동성애가 너무 자주 일어난다는 사실이다. 이것도 앞의 반대와 똑같이 정당하고 우리가 지체 없이 직시해야 할 반대이다. 말하자면, 개인이 인생을 사는 동안에 동성애를 경험할 확률이 아주 높다는 점이다.

동성애 경험은 어린 시절이나 선원 생활, 교도소 생활, 군대 생활,

학교 기숙사 생활 등을 통해 일어날 가능성이 언제나 열려 있다. 이 같은 우발적인 동성애는 많은 전문가들에게 개인의 삶에서 언제든 일어날 수 있는 정상적인 경험으로 받아들여지고 있다. 이 같은 사실이 동성애의 유전적인 요소를 강조하는 것을 망설이게 만든다.

과학자들 중 두 번째 집단은 동성애를 (대체로 어린 시절의) 성적 경험이 고착된 것으로 본다. 동성애에 관한 사실들은 어떤 의미에서 보면 이 이론과 모순되는 것처럼 보인다. 왜냐하면 어린 시절의 동성애 경험이 아주 흔하고, 또 동성애에 빠졌다는 소리를 듣는 환자나 사람들이 묘사하는 동성애 경험을 보면 너무 모호한 탓에 그 경험으로부터 어린 시절의 경험이 고착되었다는 식의 결론을 끌어내기가 불가능해 보이기 때문이다.

여기서 우리는 또 다른 문제를 하나 제기하지 않을 수 없다. 앞의 설명이 안고 있는 의문스런 본질을 완전히 다른 각도에서 드러내 보이는 문제이다. 정상적인 사람도 분명히 공유하고 있는 이 특별한 경험에 유독 동성애자들만이 고착하는 이유를 묻지 않을 수 없다. 이는 교육학이 다른 각도에서 관심을 기울이고 있는 문제이기도 하다.

우리가 습관적으로 모방한다는 것은 무슨 뜻인가? 모방 능력을 발휘하고 있는 사람이 거의 거역 불가능한 어떤 법칙의 지배를 받거나 제한을 받고 있는 것은 아니지 않는가? 예외 없이 모방 경향을 보이는 어린이들과 젊은이들, 성숙한 어른들을 지켜보고 있으면, 그들 중 어느 누구도 자신의 목적과 어떤 식으로든 부합하지 않는 것은 절대로 모방하지 않는다는 사실이 확인될 것이다.

그렇다면 동성애자가 동성애 경험에 고착하는 것이 자신의 천성에 적합하다고 확인하는 이유는 무엇일까? 이 문제를 설명하기 위해선 동성애 경험 이전의 시기로까지 거슬러 올라가야 한다. 동성애자들을 대상으로 면밀히 조사하는 과정에, 그들이 성적인 사건과 별도로 두세 살 때에도 소녀로 여겨지거나, 인형 놀이에 특별한 즐거움을 느끼거나, 거의 모든 시간을 소녀들의 틈에 끼어 지냈다는 사실을 특별히 강조한다는 사실이 확인되었다.

따라서 유아기 경험이 고착되었다는 식의 해석으로는 일부 사람들의 경우에 변경 가능한 태도로 확인되는 동성애에 대해 거의 아무것도 설명하지 못한다. 변경 가능한 태도로서의 동성애는 오히려 개인이 아주 어린 나이 때부터 사회의 본질에 도전하는 것처럼 보이지 않는가?

동성애자는 동성애 성향으로 인해 사회 보존이라는 근본적인 원칙을 부정하는 셈이다. 동성애자가 그런 관점과 정서적 견해를 갖게 된 과정을 무시하면서, 동성애자가 동성애 성향이 발달하는 동안에 그의 길을 가로막았을 엄청난 저항을 느끼지 않았거나 깨닫지 않았거나 이용하지 않았다고 믿는 것은 적절하지 않다.

평범한 성적 취향을 갖는 것보다 동성애적 취향을 갖는 것이 훨씬 더 힘든 일이다. 그렇기 때문에 이 같은 사실 하나만으로도 우리는 동성애자로서 삶을 헤쳐 나가는 데 필요한 에너지가 어느 정도일지 짐작할 수 있어야 한다.

이 같은 에너지 소비는 실제로 모든 동성애자에게 두드러지게 나타난다. 동성애자가 되는 과정 자체에서, 동성애자가 남자와 여자를 대하는 태도에서, 그리고 동성애자가 자신의 경험을 대하는 태도에서 에너지의 소비가 관찰된다.

동성애자가 통일된 태도를 형성하기까지 한 단계씩 점진적으로 준비한다는 사실이 확인된다. 여러 단계를 거쳐 통일된 태도가 형성되기만 하면, 동성애자가 거기서 벗어나기는 쉽지 않을 것이다. 대부분의 동성애자는 통일된 태도를 보이지 않고 복합적인 태도를 보인다. 이런 동성애자들이 대다수이다. 이들은 종종 동성애가 다양한 발달 단계를 거친다는 점을 보여준다. 동성애자들이 정상적인 경로를 포기하기 위해선 매우 특별한 힘을 쏟을 필요가 있는데, 정상적인 경로를 포기하면 삶이 너무나 분명하게 제한을 받기 때문에 그들에겐 동성애 외에 어떤 여지도 남지 않게 된다.

개인 심리학자들의 공감과 관심을 불러일으키는 것은 동성애 성향을 가진 개인이 스스로 한 단계씩 최면을 걸면서 자신은 정상적으로 적응되지 않았다는 인식을 받아들이는 과정이다. 동성애자들의 주장은 타당성이 크게 떨어진다. 그렇기 때문에 우리 전문가들은 계속 환자로 남기를 원하는 동성애자의 언어를 잘 알아들어야 한다.

외모는 아주 평범한데도 자신에 관한 일부 세부사항을 유독 강조하는 몇 사람을 나는 알고 있다. 그런 세부사항의 예를 들자면, 자신의 언어가 구조적으로 남자답지 않다거나 머리카락 자라는 것이

다른 남자들처럼 활발하지 않다는 사실 등이 있다. 그런 동성애자들을 보고 있으면, 자신이 다른 남자들과 다르다는 믿음을 뒷받침하기 위해 온갖 것들을 다 긁어모은다는 인상을 받지 않을 수 없다.

따라서 개인 심리학자들의 과제는 남성적인 모든 특징을 부정하려 드는 이 뿌리 깊은 경향이 어디서 나오는지 그 원천을 찾아내는 것이다. 또 특별히 다른 정서적 및 지적 견해를 정당화하고 그것을 인정받고 싶어 하는 욕망이 나오는 원천을 찾아내는 것도 중요하다.

인간의 정신생활에 나타나는 모든 표현에서와 마찬가지로, 여기서도 그 사람의 전체 인격의 의미를 파악할 때에만, 말하자면 인격이 추구하는 목표를 발견하고 인격의 가장 깊은 영혼 속으로 침투해 들어간 다음에 그 영혼이 공동체의 요구에 반응하는 방식의 본질을 이해할 수 있을 때에만, 그 상황을 충분히 이해할 수 있게 된다.

동성애자들이 법과 갈등을 빚게 만드는 자신의 행위에 대해 털어놓는 이야기를 듣고 나면, 개인 심리학자들은 그들에겐 성적인 분야를 제외한 다른 삶의 분야에서도 적응이 제대로 된 사람에게 기대할 수 있는 그런 기준이 결여되어 있다는 사실을 발견한다. 동성애자의 성격에 가장 두드러지게 나타나는 특징은 터무니없는 야망과 특별히 뚜렷한 경계심 혹은 삶에 대한 두려움이다.

보편적으로 목격되는 이런 사실들에서 출발하면서, 개인 심리학자들은 스스로 이렇게 물어볼 수 있을 것이다. 자신의 본성 안에 두

가지 모순되는 성격적 특성, 즉 결코 성취될 수 없는 야망과 그 야망을 이루기 위해 첫 걸음을 떼자마자 바로 그 행위를 마비시켜버릴 소심함이 공존하는 사람의 운명은 어떻게 되는가? 신경증 환자는 누구나 그 강도는 훨씬 약할지라도 그런 특징을 이런저런 형식으로 어느 정도 갖고 있다.

따라서 우리는 동성애자의 성격과 인상을 조금 더 깊이 파고들 경우에 그 사람이 신경증 환자 같은 그림을 제시한다는 사실을 발견한다. 그럼에도 동성애자의 신경증은 명쾌하게 나타나지 않는다. 동성애자가 동성애를 통해서 자신의 활동을, 신경이 예민한 사람이라면 반드시 신경증을 일으키게 될 그런 유형의 좁은 한계 안으로 한정시킬 수 있기 때문이다. 이 좁은 범위 안에서는 신경증 징후들이 매우 뚜렷하게 나타날 수 없다.

대체로, 동성애자는 어려움을 야기할 상황을 아예 배제함으로써 자신이 꽤 잘 적응할 수 있거나 이성애자의 삶보다 더 쉽게 따를 수 있는 어떤 존재의 유형을 스스로 창조해 낸다. 그럼에도 불구하고, 활동 영역이 지나치게 좁아지지 않은 많은 동성애자들 사이에 두드러진 징후가 몇 가지 나타난다. 이 징후들 중에서 가장 두드러진 형식이 강박 징후이다.

동성애자의 어린 시절 행적을 들여다보면, 서로 쉽게 연결되는 비슷한 행동과 비슷한 표현이 다수 발견된다. 그 중에서 나의 해석에 가장 중요한 것은 동성애자들이 자신의 성(性)의 본질을 깨닫는 것이 대단히 어렵다는 사실과 이 깨달음이 다른 아이들에 비해 훨씬 늦게 이뤄진다는 사실이다. 동성애자들의 경우에 대체로 어린 시절에 얼굴색이 곱고, 긴 드레스를 입고, 소녀 같은 옷을 다른 아이들에 비해 더 오랫동안 입고, 언제나 소녀 친구를 두고 있고, 그들의 성은 소녀의 성과 다르다는 사실을 알려줄 그런 경험을 거의 하지 않은 것으로 드러난다. 그런 아이들은 이미 소녀의 정신적 발달 과정에 들어가 있다가 어느 순간 자신이 남자라는 사실을 깨닫고는 화들짝 놀란다. 야망이 특별히 자극을 받고 조심성 때문에 새로운 행동을 취하지 않으려 드는 아이들의 어깨에 추가적으로 얹어지는 이 어려움은 대단히 중요하다. 그후로는 동성애 성향의 아이가 다른 종류의 경험을 한다 하더라도 평범한 길을 다시 택하는 것은 더 이상 가능하지 않게 된다. 정반대로, 동성애 성향의 아이들은 이런 다른 경험을 자신은 다른 아이들과 다르고, 자연의 기적에 해당하고, 새로운 종(種)이라는 믿음을 강화하는 방향으로 이용한다. 이 다름은 그런 아이들에게 대체로 특별한 성격을 지니는 것처럼 보이고, 당연히 그런 아이들의 야망은 이 관점을 고무하게 된다.

그렇다면 이런 아이들 사이에 야망이 어떻게 그렇게 중요한 역할을 하게 될까? 지금 여기 모인 전문가들은 발달이 제대로 이뤄지고 있어서 별로 어려움을 겪지 않는 아이들에 대해서는 걱정을 하지 않는다. 그러나 자신이 처한 위치 때문에 열등감을 키운 아이들 혹은 환경의 힘에 눌려 지내거나 지나치게 응석받이로 커서 약간만 힘든 일이 있어도 크게 휘청거리는 아이들은 우리의 관심을 끌어야 한다.

열악한 환경에서 힘들어하는 아이나 주변 사람들의 과보호 아래에 의존적으로 커는 아이나 똑같이 위험한 상황에 처할 수 있다. 두 가지 극단적인 환경이 아이로 하여금 삶의 고난으로부터 완전히 해방된 미래를 손에 넣겠다는 갈망을 품게 할 것이기 때문이다. 이런 식의 노력과 이 노력이 성공을 거두지 못하지 않을까 하는 두려움 때문에 아이들의 공상이 이상한 방법으로 주변 사람들을 지배하는 쪽으로 작동한다. 말하자면 아이들이 어떠한 방향에서도 위험이 닥치지 않을 그런 상황을 찾도록 한다는 뜻이다.

만일 아이가 자신의 성을 깨닫는 데 어려움을 겪는 외에 가족의 경제적 처지가 열악하거나 아버지와 어머니의 관계가 부드럽지 못해서 추가적인 어려움을 안고 있다면, 이런 여러 가지 요소들이 아이로 하여금 매우 편협한 방법으로 야망을 성취하도록 유도할 수 있다. 이때 주로 나타나는 문제는 이성과 관계있는 문제이다.

이 문제에 대해선 다양한 대답이 가능하다. 일부 동성애의 경우엔 이성을 완전히 배제하는 것처럼 보이지만, 타협이 이뤄지는 동성애도 있다. 그러나 어느 경우든 이성에 대한 비난은 분명히 존재한다. 어떤 아이가 동성애 쪽으로 방향을 틀 때, 거기엔 동시에 이성을 깎아내리려는 태도도 드러난다.

이처럼 이성을 폄하하는 태도는 동일한 기제(機制)를 다른 각도에서 본 것에 지나지 않는다. 동성애 태도나 이성애 혐오 중 어느 하나는 다른 하나를 불러일으키게 되어 있으며, 이 두 가지 태도는 어딘가에서 서로 만나게 되어 있다. 따라서 이성을 폄하하는 태도와 동성애를 별도의 것으로 볼 것이 아니라 서로 연결된 것으로 보아야 한다. 만일 어떤 과도한 야망이 유아기 상황의 열악한 본질 때문에 생겨났다면, 그 야망은 특별히 조심스럽게 보호되지 않을 경우에는 그리 오래 지속되지 않는다. 성격의 이런 특징들을 부드럽게 융합시키는 것은 불가능하다. 왜냐하면 성인이 된 이후에 발달한 특별한 태도뿐만 아니라 어린 시절에 형성된 특별한 태도도 육체의 움직임에서, 보다 구체적으로 말해 삶을 대하는 태도에서 지각되기 때문이다. 이를 이해하려면 한 가지 사실만 고려하면 된다. 안전이 보장된 상황에서는 이 특징들이 그렇게 분명히 나타나지 않는다는 사실이다. 동성애자가 삶을 대하는 태도는 언제나 망설이는 듯한 모습을 보일 것이다.

동성애는 다양한 양상을 보인다. 동성애자는 다양한 강도와 형식으로 사회생활을 싫어하는 모습을 보이며 직업을 바꾸기도 한다. 또 직업을 늦게 갖고 일찍 접는 경향을 보인다. 동성애자의 전체 삶은 마치 제동 장치의 지배를 받고 있는 것처럼 보인다. 동성애자는 이 제동 장치를 작동시키는 데 필요한 동력을 거듭해서 스스로 생산해내야 한다. 구체적인 예를 보도록 하자.

첫 번째 예는 30대 남자이다. 귀족 집안 출신이며, 운동선수 같은 근육을 자랑한다. 그는 다른 남자들에 비해 수염이 적다. 그는 나에게 자기 형들도 마찬가지로 털이 많지 않다는 점을 알려주었다. 그러나 그의 아버지는 자식들과 달랐다. 이민자인 그의 아버지는 얼굴에 털이 적게 나는 민족 출신이었다.

이 환자는 이 같은 사실을 의사들에게 말할 뿐만 아니라 그렇게 함으로써 자신의 동성애 기질은 유전이라는 식으로 스스로를 설득시키려 들었다. 말하자면 동성애의 뿌리를 찾아 그의 인종적 특징까지 더듬었던 것이다.

그럼에도 털이 많지 않다는 사실은 그의 태도에 전혀 아무런 영향을 미치지 않은 것 같다. 털이 많지 않은 특징은 그 자체로 환자가 자신의 주장을 뒷받침하기 위해 발휘하는 합목적적 독창력의 본질을 보여줄 뿐이다. 그 같은 행동에 대해 사악한 의도를 의심해서는 안 된다. 그보다는 신경증 환자들이 가진 무의식적 기만으로 생각하는 것이 더 타당하다.

그런데 신경증 환자들은 그것이 기만이라는 사실을 깨닫지 못하는 가운데 지속적으로 그런 기만을 이용한다. 그렇기 때문에 이 동성애자가 얼굴에 털이 적은 것을 동성애 성향의 원인으로 제시하는 것을 놓고 의식적으로 불성실한 태도로 보면 안 된다.

이 환자는 삼형제 중 막내였다. 열 살 때까지, 그는 소녀와 한 번도 연결되지 않았다. 그의 형제들이 그가 가족 안에서 유일하게 친밀하게 연결되어 있던 구성원들이었다. 그가 막내였다는 사실이 대단한 중요성을 지닌다. 막내의 심리가 대단히 복잡하고 호기심을 자극하기 때문이다.

막내에게 특별히 나타나는 특징이 두 가지 있다. 이 두 가지 특징의 비율이 서로 많이 다르기 때문에, 막내 아이들은 종종 모순적인 성격을 보이는 것처럼 여겨진다.

첫 번째 특징은 작은 체구 때문에 받는 압박감이다. 막내들은 언제나 압박감 속에 생활하기 때문에 실제보다 더 커지기를 원한다는 사실을 분명히 드러낸다. 막내들은 언제나 자신의 작은 체구를 언급하는 사건과 말의 영향을 강하게 받으며, 이런 사건과 말이 그들의 허영심에 상처를 입힐지도 모른다.

아이들이 즐겨 읽는 동화가 막내의 역할을, 그리고 막내의 특별한 기질을 어떤 식으로 강조하는지를 우리 모두 잘 알고 있다. 막내의 마음은 언제나 복잡하게 돌아간다. 마법의 장화 같은 것을 가진 것도 막내이다.

역사적으로 널리 알려진 인물들을 보면, 특히 예술 분야에서 두드러진 능력을 빨리 보인 사람들을 보면 막내가 아주 많다. 여기서 우리는 가족 내 위치의 심리학에 대해 논할 수 있다.

야망의 압박을 받는 막내의 위치가 막내를 지속적으로 자극하고, 그러면 막내는 언제나 주변 사람들보다 더 많은 것을 성취하길 바라게 된다. 그러나 이런 일은 호의적인 상황에서만 일어난다.

간혹 반대로, 막내의 앞을 가로막는 곤경과 장애가 막내로 하여금 자신에 대한 믿음을 상실하도록 만들고, 특별히 경계하는 태도나 체념하는 태도를 키우도록 만든다. 이 경계는 심지어 막내의 얼굴에도 어느 정도 나타날 수 있다.

전쟁 동안에 군대에서 병사들을 검사하면서 나는 막내로 태어난 병사들을 골라낼 수 있었다. 그들의 얼굴 모습은 불안한 어떤 야망을 보이든가 그냥 허물어지고 싶어 하는 욕망을 드러내고 있었다.

지금까지 논한 환자는 더 나아가 자신이 항상 앞에 서기를 바랐는데도 형들에 의해 옆으로 밀려났다는 점에 대해 언급했다. 그리고 그는 다른 사람들에게 끊임없이 도전하고 있었다는 점에 대해서도 언급했다. 한마디로, 그는 평균 이상의 야망에 휘둘렸다는 뜻이었다.

한편, 이 동성애자는 자신은 절대로 위험을 감수하려 들지 않으며 어떤 상황에서나 백 번도 더 생각했으며 거듭해서 회의(懷疑)의 희생자가 되었다는 사실을 털어놓았다. 가족의 감시가 특별히 심했다. 그래서 섹스의 본질에 대한 지식을 일찍 아는 것이 철저히 배제되었다.

그는 열 살 때 수녀원 부속학교에 들어갔으며, 거기서 소녀들이 배제된 환경에서 지냈다. 이 수녀원 부속학교는 엄격하고 편협하다는 사실을 나도 알고 있다. 그의 성적 본능이 보다 분명하게 나타나기 시작했을 때, 그는 섹스의 의미에 대해 전혀 몰랐을 뿐만 아니라 자신의 특별한 성적 역할에 대해서도 알지 못했다. 그에게 소녀들은 수수께끼 같고 이해 불가능한 존재로 보였다.

게다가 그는 성적 본능에 굴복하는 것은 아주 나쁜 죄라고 배웠다. 그 이후로 이 모든 금지에도 불구하고 일들이 더욱 명확해지고 그도 동료들을 통해서 섹스에 대해 더 많은 것을 배우게 되었을 때, 그에게 유일하게 열려 있던 길은 자위였다.

그가 자위를 하나의 죄로 보았던 것은 사실이지만, 그래도 자위는 다른 악들보다 덜 나쁜 악처럼 보였다. 왜냐하면 자위의 경우엔 적어도 다른 사람에겐 피해를 입히지 않기 때문이다.

앞의 예에서, 우리는 특별히 높은 신분의 귀족이라는 사회적 지위 때문에 그의 삶이 대단히 고립적인 삶이었음에 틀림없다는 점을 강조해야 한다. 그는 다른 사람들과 거의 아무런 연결을 맺지 않았으며, 처음부터 지주의 삶을 사는 데 필요한 교육을 받았다.

실제로 그의 전체 삶에 독창성을 암시하는 것은 하나도 없다. 그는 매우 정상적인 조건에서 수녀원 부속학교를 졸업하고 부모의 부동산을 물려받았다. 그는 사악한 의도를 품은 사람이 아니었으며 다른 사람을 괴롭힌 적도 한 번도 없다. 그는 언제나 엄격한 운명이 정해준 자리에 그대로 있었다. 우리는 그를 공동체의 삶과 그 삶의 요구로부터 분리시키고 있던 "거리"를 파악하게 된다. 그의 동성애 성향에서도 마찬가지로 그 "거리"가 보인다.

그러다 갑자기 진짜 사건이 일어났다. 그가 결혼을 한 것이다. 그의 아내는 훌륭한 가문의 고아였다. 그녀를 알게 된 직후, 그는 동성애 성향을 고백했다. 소녀들의 경우에 종종 그렇듯이, 그녀도 일종의 구원자 역할에 강하게 끌렸다. 그래서 그녀는 그와 결혼을 하게 되었으며, 거기에 따를 모든 조건과 제한을 잘 알고 있었다.

결혼은 실패였다. 그는 정신적으로 완전히 무능한 것으로 드러났다. 이 정신적 무능 뒤에는 당연히 어떤 일에도 적응하지 못하는 무능력이 자리 잡고 있었다. 이런 부류의 사람들은 대체로 어떤 구체적인 임무나 개인에 헌신하지 못하며 자신의 명예를 지키는 일에만 관심을 쏟는 가운데 실제 생활과 늘 일정한 거리를 둔다.

우리 환자는 자신의 가치를 추가로 시험하는 일이면 무엇이든 기피하려 드는 그런 정신 상태를 보였다. 당시에 그는 사유지와 아내를 둔 가운데 삶의 다른 요구들을 인정하길 거부하고 있었다. 그의 삶의 방침은 자신의 동성애적 성향과 신경증적인 문제들을 증명함으로써 모든 추가적인 요구를 부정하는 것이었다.

그는 자기 아내에게 죄의식을 별로 느끼지 않았다. 그가 그녀에게 모든 것을 고백했고, 그녀로서도 남편의 모든 것을 알고 있던 터라 그를 나무랄 계제도 되지 못했다. 그녀는 자신이 처한 상황 때문에 남편이 원하는 대로 친구로서, 조력자로서, 비서로서의 역할을 수행해야 했다.

그래도 그는 아내에게 전혀 아무런 약속을 하지 않았다. 여기서 우리는 세상의 분주함으로부터 최대한 멀리 벗어나 있는 어떤 상황을 보고 있다. 그의 어린 시절에 대해 알고 있는 정보를 근거로 판단한다면, 이 상황은 그가 성취하길 원한 바로 그런 상황이었다. 그의 삶에 나타나는 다른 많은 징후들과 다양한 신경증적 징후들을 바탕으로, 우리는 집단의 삶에 참여하지 않으려는 그의 목적이 뿌리를 깊이 내리고 있으며, 그것이 그의 삶의 이상적인 해결책이라고 단정할 수 있다.

그는 이상적인 어떤 해결책에 도달했다는 사실에 고무된 상태로 의사를 찾았다. 이때도 그는 당연히 경계심을 늦추지 않았으며 비밀스럽게 굴었다. 이 경계심과 비밀은 바로 그가 남자 동료들이 자신에게서 동성애 성향을 눈치 채지 못하게 하기 위해 동료들과의 연결을 피하면서 스스로에게 제시하던 이유였다. 그가 남자 동료들을 그런 식으로 극구 피한 이유는 그에게 동성애가 하나의 낙인처럼 보였기 때문이다.

성적 본능에 의해 충동적으로 촉발된 성적 생각은 배출구를 찾아 나서야 한다. 만일 배출이 가능하고 그 배출이 환자의 활동의 본질에 의해 보다 쉬워진다면, 그땐 충동적인 생각들이 환자에게도 이래저래 이해될 것임에 틀림없다. 이해되지 않는다면 환자가 희열이라는 목표를 이루지 못하게 될 것이다. 상당수의 동성애자들은 자신의 생각과 공상에서 이해되지 않는 이상한 무엇인가를 발견하고는 그런 생각과 공상을 물리치려고 부단히 노력한다. 따라서 동성애와 강박 신경증을 서로 비교하는 것은 꽤 합당하다.

이젠 두 번째 예를 보자.

과학적인 자료를 보면, 아마도 법과 관련 있는 이유들 때문에 주로 남자 동성애 문제가 논의되고 있다. 그러나 여자 동성애에도 똑같은 기본 원리들이 존재하는 것으로 드러난다.

두 자식 중에서 맏이였던 환자는 25세였다. 그녀가 4세일 때 남동생이 태어났다. 남동생이 태어나자마자, 모든 관심은 남동생에게로 쏠리고 그녀는 뒷전으로 밀려났다. 이 같은 사실로부터 그녀에게 어떤 큰 야망이 생겨나게 되었다.

그녀의 가족생활은 우울했다. 아버지는 폭력적인 기질의 소유자였고, 어머니는 경솔했다. 다소 지적이었던 소녀는 가족 안에서 벌어지고 있는 일을 눈치 채고는 결혼이라는 생각 자체에 몸서리를 쳤다. 그러면서 그녀는 자기 아버지가 잔인하고 나쁜 기질의 남자에 불과하다는 사실을 깨달음과 동시에 아버지를 멀리했다. 그녀는 자기 동생도 아버지와 같은 범주에 포함시켰다. 자기 자신에게 세상의 모든 남자는 잔인하다는 확신을 심어주기 위해서였다.

그래서 그녀는 아버지와의 연결도 끊고 남동생과의 연결도 끊었다. 당연히 그녀의 삶은 대단히 고독했다. 그녀는 놀고 싶은 욕망도 전혀 느끼지 않았으며, 친구들과의 관계도 전혀 즐겁지 않았다. 그러나 그녀의 야망이 그녀로 하여금 선생님의 호의를 사도록 만들었다. 그렇게 되자 가족은 그녀가 공부를 열심히 하도록 돕기로 결정했다.

그녀는 열 살 때 하녀가 아이를 낳는 장면을 목격했다. 여자의 역할에 대한 혐오와 두려움은 이 경험 때문에 훨씬 더 커졌다. 사춘기가 가까워질 때, 그녀는 생각이 아주 깊어졌으며 그 결과 알코올에 빠지게 되었다. 여기서 다시 우리는 환자가 부유한 집안의 자식으로 그때까지 자라던 정상적인 삶의 틀에서 벗어나기 위해 에너지를 소비하고 있는 것을 보고 있다.

그녀가 동성애의 단계로 변화해 가는 데는 상당히 긴 시간이 걸렸다. 그녀는 고향의 어떤 여자 동성애자와 친하게 되었다. 그러나 그녀가 어머니와 심하게 다툰 다음에 어머니에게 복수하려는 생각에서 이 동성애자와 함께 살기로 한 것은 이 소녀를 만나고 2년 뒤의 일이었다. 그 이후로 그녀는 이 소녀와 함께 살았다.

그녀는 남자들과 거리를 두었다. 딱 한 사람 예외가 있었다. 아주 추하게 생긴 젊은 친척이었다. 그녀는 그와 친해졌으며, 과학적 및 사회적 토론을 벌이기도 하고 이따금 외식을 함께 하기도 했다.

그는 절대적으로 안전해 보였다. 그런데 그녀가 극도의 경계심을 늦춘 것이 그만 그녀의 불행으로 확인되었다. 어느 날 그녀가 그에게 자신의 동성애 성향을 털어놓았고, 그러자 그가 자기와 결혼하자고 그녀를 설득하고 나섰기 때문이다. 그들은 결혼식을 올렸으나 4주 뒤에 갈라섰다. 이런 표현도 가능한지 모르겠지만, 그녀가 성 불능이었던 것이다. 문제가 공개되자, 그녀와 언제나 적대 관계를 유지해왔던 그녀의 어머니가 나에게 딸의 치료를 부탁했다.

환자는 자신의 성향을 놓고 나와 이야기를 나누었으며 과학 분야에서 무엇인가를 하고 싶은 야망에 대해서도 털어놓았다. 여성의 역할에 대한 그녀의 혐오는 너무나 명확했기 때문에 거기엔 오해의 여지가 없었다. 그녀는 스스로를 사회 안에서 쓸모없는 존재로 만들려고 노력했다. 일의 본질을 떠나서, 그녀는 언제나 일을 계속하지 않을 길을 발견했다. 이런 특이한 성향은 유아기에 삶의 요구에 대한 평가를 잘못 한 데에 그 뿌리를 내리고 있었다. 그녀는 자신의 비관적인 관점과 일을 제대로 수행하지 못할 것이라는 두려움 때문에 삶의 요구에 대해 과도하게 평가했다. 이 같은 사실은 그녀가 여자들을 과소평가한 데에 그대로 반영되었다.

동성애자의 비관적인 관점에서 보면, 정상적인 성생활의 위험이 대단히 커 보일 수 있다. 그렇기 때문에 의사들은 동성애자들이 (진정한) 성적 역할을 알게 될 일들을 피하려 드는 것을 지극히 자연스런 것으로 보아야 한다. 동성애자들의 태도는 시간의 흐름을 방해하고 정상적인 발달을 간섭하려 드는 사람들의 태도이다. 개인 심리학자들은 그 이유를 아는데 동성애자들은 그 이유를 모르고 있고 또 이유를 알게 된다 하더라도 인정하려 들지 않을 것이다. 동성애자들은 개인 심리학자들이 잘못으로 알고 있는 것을 진실한 것으로 받아들이면서, 겉보기에 과학적이고 전문가적인 것 같지만 지극히 평범한 보고서의 실수를 근거로 스스로를 강화한다.

이 평범한 보고서들은 동성애자들의 귀에 대고 동성애 성향은 변경 불가능하다는 믿음이 옳다고 속삭인다. 동성애자들이 삶을 살면서 공상을 구축하고 행동하는 정신적 환경은 동성애자들이 무책임한 존재가 되도록 부추기고 있다. 그러나 동성애자들이 사회의 간섭을 따를 가능성을 결코 배제해서는 안 된다.

내가 볼 때 동성애 성향에서 벗어나려는 노력에서 가장 중요한 것은 결국엔 삶의 논리적 요구를 인정하는 것이다.

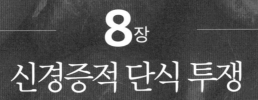

8장
신경증적 단식 투쟁

음식 섭취에 대한 공포는 대체로 열일곱 살에 시작하며 환자는 거의 언제나 소녀이다. 이 공포를 겪으면, 대체로 체중이 급속도로 떨어진다. 환자의 전반적인 태도를 근거로 할 때, 목표는 여자의 역할을 부정하는 것이다. 달리 말하면, 음식 섭취에 공포를 느끼는 것은 과도한 절제를 통해서 여성적인 육체의 발달을 지연시키려는 시도이다.

어떤 환자는 자신의 몸 전체를 요오드 팅크(옥도정기)로 발랐다. 그렇게 하면 몸무게를 줄일 수 있을 것이라는 이상한 믿음에서였다. 동시에 이 여자 환자는 여동생에게 음식 섭취의 중요성을 거듭 강조하면서 언제나 여동생이 많이 먹도록 자극하려 들었다.

다른 한 환자는 최종적으로 몸무게를 20kg까지 줄여 젊은 소녀가 아니라 귀신처럼 보였다.

이런 소녀들 대부분은 어릴 때 이미 권력을 확보하는 수단으로 "단식 투쟁"의 가치와 의미를 확인한 소녀들이다. 이 소녀들이 신경증을 치료하는 과정을 지켜보고 있으면, 환자에게서도 그 같은 사실이 드러나고 의사도 그 같은 사실을 고려하고 있는 것이 확인된다.

음식 섭취를 무서워함으로써, 소녀는 모든 것이 자신을 중심으로 돌아가도록 만들 수 있다. 그러면 소녀는 모든 측면에서 상황을 지배하게 될 것이다. 이제 이런 유형의 환자들이 음식의 본질에 그렇게 큰 가치를 부여하고 또 환자들이 "공포"를 배열함으로써 그 같은 평가를 지키려고 드는 이유를 잘 이해할 수 있게 되었다.

영양 섭취의 과정을 지나치게 강조해서는 안 된다. 왜냐하면 이 과정을 지나치게 중요하게 여길 경우에 소녀들이 영양 섭취에 대한 공포를 통해서 (남자처럼! 아버지처럼!) 타인들을 지배하겠다는 목표를 추구할 것이기 때문이다.

그렇게 되면 소녀들은 자신이 모든 것을 비판할 권리를 갖는다는 느낌을 받는다. 자기 어머니의 요리 솜씨를 경멸하고, 음식 종류를 선택하고, 식사 시간을 정확히 지킬 것을 요구하고, 그러면서 다른 사람들이 자신에게 관심을 기울이면서 음식을 맛있게 먹을 것인지 걱정하는 눈빛으로 지켜보도록 만든다.

나의 환자 한 사람은 어느 정도 시간이 지나자 갑자기 태도를 바꾸고 음식 섭취의 중요성을 강조하면서 막대한 양의 음식을 게걸

스레 섭취하기 시작했다. 자기 어머니로부터 음식을 무서워할 때 와 똑같은 우려의 반응을 끌어낸 행동이었다.

그녀는 약혼한 상태였으며 몸 상태가 "제대로" 돌아오면 결혼을 하게 되어 있었다. 그러나 그녀는 온갖 종류의 신경증 징후(우울증, 분노 폭발, 불면증)와 살찌우기를 통해 스스로 괴상한 존재가 됨으로써 여자로서의 역할이 확대되는 것을 가로막고 나섰다.

그녀는 브롬화칼륨을 지속적으로 복용했으며 그게 없으면 정신 상태가 악화된다고 주장했다. 그러면서 동시에 비만만큼이나 자신 의 몸을 망쳐놓고 있는 브롬화칼륨의 부작용에 대해 불평을 늘어놓았다. (신경성 변비, 배변 욕구, 틱 장애, 찡그림 또는 강박 신경증 도 종종 똑같은 목표를 성취한다.)

공개적으로는 먹으면서 혼자서는 굶는 방법으로 똑같은 목적을 달성하는 환자도 많다. 환자의 거절증이 주변 사람들의 의지를 무 력화시키는 예가 자주 보이는 우울증과 편집증, 정신분열증 등에 서 환자의 단식 투쟁이 엄청난 중요성을 지닌다는 사실은 널리 알 려져 있다.

이처럼 '음식을 과도하게 먹다가 다시 음식을 거절하는' 식의 방 법은 다른 많은 신경증의 "배열"과 비슷하다. 이 때문에 "시간을 헛 되이 낭비하게 하는" 징후들이 발달한다. 환자가 결정을 내리는 데 에 대한 두려움을 통해, 앞에 제시한 환자의 경우엔 "자기 파트너 에 대한 두려움"을 통해 "망설이는 태도"나 "칩거"나 자살을 결정 한다는 점을 감안한다면, "시간을 허비하게 할" 징후들이 나타나는 이유가 쉽게 이해될 것이다. 먼저 음식 섭취의 중요성이 과도하게 강조되고, 그러다 보면 음식 섭취에 대한 두려움이 생긴다. 이어 충분히 예상할 수 있듯이, 사회의 일상적인 요구 앞에서 망설이거나 중단하거나 뒤로 물러나는 태도가 생겨날 수밖에 없다.

환자의 이런 행동에서 개인 심리학자들은 환자가 유아기에 삶의 요구 앞에서 느꼈던 열등감이 그대로 반영되고 있는 것을 확인한다. "약함"을 이용한 다른 계략도 쉽게 탐지된다. 다른 가족 구성원들에게 횡포를 부리려는 욕구가 있기 때문에, 복수 충동이 언제나 존재한다.

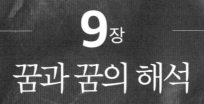

9장

꿈과 꿈의 해석

꿈의 해석은 인류의 요람으로까지 거슬러 올라가는 문제다. 바보와 현명한 사람을 불문하고 누구나 꿈을 해석하려 시도했고, 왕과 거지를 불문하고 누구나 꿈의 해석을 통해 자신의 세계 지식의 한계를 확장하려 들었다.

꿈은 어떻게 생길까? 꿈의 역할은 무엇일까? 꿈의 상형 문자들은 어떤 식으로 해석해야 할까?

이집트인과 칼데아인, 유대인, 그리스인, 로마인과 게르만족은 꿈의 신비한 언어에 귀를 기울였으며, 그들의 신화와 신에서 우리는 꿈을 이해하고 해석하기 위해 노력한 흔적을 많이 발견한다. 우리는 그들이 마치 꿈에 사로잡힌 것처럼 이런 식으로 외치는 것을 거듭해서 듣는다. '미래를 말해주는 것이 꿈이야!'

'성경'과 '탈무드', '니벨룽겐의 노래'(Nibelungen-Lied)나 헤로도토스(Herodotus), 아르테미도루스(Artemidorus), 키케로(Cicero) 등의 글에 나오는 유명한 꿈의 해석은 꿈은 미래를 내다보는 것이라는 인상을 강하게 풍긴다. 오늘날에도 알 수 없는 것에 대한 지식을 얻는 방법은 언제나 꿈과 연결되어 있는 것으로 여겨지고 있다. 이성적인 우리 시대가 미래를 밝히려는 희망을 겉으로 부정하면서 꿈을 해석하려는 시도를 비웃는 것은 충분히 이해가 된다. 꿈의 문제와 관계있는 직업을 조롱의 대상으로 만드는 것이 바로 그런 태도이다.

여기서 논할 범위를 정하기 위해, 나는 꿈이 예언적 성격을 띤다는 견해를 부정한다는 점을 밝히고 싶다. 꿈이 미래를 알려준다거나 미지의 것에 대한 지식을 준다는 견해에도 반대한다는 점을 밝혀야 한다. 지금까지 꿈을 경험한 결과, 나는 꿈도 다른 많은 정신적 표현과 똑같이 각 개인의 내면에 있는 힘들을 통해 나타난다는 점을 알게 되었다.

꿈에 대해 조사하려 하자마자, 꿈들이 예언적 내용을 가질 가능성이 있다고 단정하기 어렵다는 것이 확인되고, 또 꿈들은 상황을 명쾌하게 밝히기보다 상황을 혼란스럽게 만드는 경향이 있다는 점을 암시하는 문제들이 나타난다. 그렇다면 가장 어려운 질문은 이것이다. '인간의 마음이 어느 범위 안에서 미래를 내다보는 것이 정말로 불가능할까?'

편향을 갖지 않은 가운데 객관적으로 관찰해 보면, 정말 이상한 현상이 보인다. 꿈이 미래를 내다보는가 하는 질문을 단도직입적으로 던지면, 질문을 받는 사람들은 거의 대부분 그 점을 부정할 것이다.

그러나 여기서 그 사람이 외적으로 하는 말이나 생각에는 전혀 관심을 주지 않도록 하자. 그 사람의 다른 부분(즉 입이나 뇌가 아닌 부분), 예를 들어 그의 움직임이나 태도, 행동을 바탕으로 그 질문에 대한 답을 찾는다면, 완전히 다른 인상을 받게 될 것이다. 우리가 꿈이 미래를 볼 가능성에 대해 의식적으로 부정하긴 하지만, 우리의 전체 생활 방식을 보면 미래의 사건에 대해 확실히 알고 싶어 하는 마음이 아주 강하다는 사실이 확인된다.

꿈을 통해 미래를 예측하려는 것이 옳으냐 그르냐를 떠나서, 우리는 미래에 대한 지식을 얻을 가능성에 강하게 집착한다는 점을 분명히 보여주고 있다. 거기서 그치지 않는다. 어떤 일에 대한 미래 예측이 방향을 확실히 제시하지 않거나 행동을 하게 할 만큼 자극을 강하게 일으키지 않거나 장애와 그 장애를 피할 방법까지 제시하지 않으면, 우리는 그 일을 하려 들지 않는다. 우리는 마치 미래에 대한 예지에 사로잡혀 지내는 것처럼 행동한다. 미래에 대해 확실히 알 수 있는 것은 하나도 없다는 사실을 잘 알면서도.

여기서 삶의 사소한 것들로부터 시작하도록 하자. 내가 무엇인가를 구입한다면, 그것은 미래를 예상하면서 어떤 감각과 취향과 쾌락을 구입하는 것이나 마찬가지이다. 내가 행동을 하거나 하지 않도록 하는 요소가 미래의 상황에 대한 믿음인 경우가 너무나 자주 있다. 미래의 상황에 수반될 쾌락이나 불편이 나의 행동 여부에 영향을 미치는 것이다. 나 자신이 실수할 가능성이 있다는 사실이 나의 행동을 저지하지 못할 것이다. 한편, 나는 회의(懷疑)가 생기면 결정을 내리지 않고 두 가지 가능한 미래 상황을 놓고 신중히 고려하기 위해 행동을 자제한다. 오늘밤 잠자리에 들 때, 나는 내일 눈을 뜨면 새로운 날이 열릴 것이라는 점을 모르면서도 새로운 날이 열릴 것이라고 생각하고 준비한다.

하지만 나는 내일 새로운 날이 열릴 것이라는 것을 정말로 아는가? 내일 새 날이 열릴 것이라는 것을, 내가 지금 당신 앞에 서 있다는 사실을 아는 것과 똑같은 감각으로 아는가? 그렇지 않다. 이때 나의 지식은 완전히 다른 차원의 지식이다. 이 지식은 나의 의식적인 사고 작용 안에서는 발견되지 않는다. 그럼에도 이 지식의 흔적은 육체의 태도 안에 있으며 나의 명령을 간접적으로 받는다.

러시아 과학자 이반 파블로프(Ivan Pavlov)는 동물이 먹이를 예상할 때 그 동물의 위(胃)에서 마치 위가 음식이 들어오게 되어 있다는 것을 미리 알고 있는 것처럼 소화에 필요한 액이 분비된다는 사실을 보여줄 수 있었다. 그러나 그것은 우리의 신체가 우리의 마음처럼 제 역할을 제대로 수행하길 원한다면 미래에 대한 지식을 확보한 상태에서 작동해야 한다는 점을 보여주고 있다. 그것은 또 우리의 신체가 마치 미래를 예측할 수 있는 것처럼 준비한다는 것을 의미한다.

이런 식으로 미래를 예측하는 것은 우리의 의식적 사고에는 꽤 낯설다. 이 문제에 대해 조금 더 생각해보자. 우리가 미래를 의식적으로 파악할 경우에 그것을 바탕으로 행동을 하게 될까? 깊은 생각과 비판, 그리고 찬반을 끊임없이 고려하는 행위 자체가 우리가 진정으로 하길 원하는 행동에 극복 불가능한 장애가 되지 않을까? 그래서 미래에 대한 우리의 지식은 우리의 무의식 안에 남아 있어야 한다.

정신이 병에 걸리게 되는 조건은 대체로 내면의 고통이 환자로 하여금 자신의 중요성과 개성을 적절히 보호하도록 몰아붙이는 상황이다. 이때 징후는 여러 가지 형태로, 예를 들면 극단적인 의심과 충동적인 생각, 병적인 회의(懷疑) 등으로 나타난다.

자신의 미래 전망을 놓고 고통스럽게 점검하다 보면 그 같은 점검 자체가 미래의 불확실성을 더욱 두드러지게 만들기 마련이다. 또 미래에 대한 사고는 너무나 의식적인 생각이기 때문에 어느 정도의 좌절이 따르게 되어 있다. 미래를 의식적으로 알거나 확실히 아는 것이 불가능하다는 사실 앞에서 환자는 의식적으로 우유부단하고 회의적인 모습을 보이며, 따라서 환자의 모든 행위는 다른 성격을 지닌 고려사항들로 인해 방해를 받는다.

이와 대조적인 예는 은밀하거나 무의식적인 미래의 목표가 충동적으로 표현될 때 나타나는 조증(躁症)이다. 조증은 나쁜 의도로 현실을 압도하고 또 의식적인 자아가 대단히 매력적인 어떤 가정을 받아들이도록 유혹한다. 그 목적은 병적인 자아의식이 사회와 협력하다가 실수를 저지르는 일이 일어나지 않도록 보호하기 위해서이다.

꿈에서는 의식적인 사고가 아주 작은 역할만을 맡는다는 사실은 증명조차 필요하지 않다. 마찬가지로 비판 기능도 작동하지 않는다. 그렇다면 꿈을 꾸는 사람이 처한 상황과 관계있는 기대나 희망, 두려움이 꿈에서 아무런 위장을 하지 않은 채 나타난다는 말도 가능하지 않을까?

어떤 환자가 심각한 척수로(脊髓癆)(신경 매독 증상의 하나이며, 감각 상실과 신경-근육의 조정 능력 상실, 반사 능력의 감소 등을 동반한다/옮긴이)를 앓다가 병원을 찾았다. 환자의 기동성과 감수성은 병 때문에 심각할 정도로 약해진 상태였으며, 게다가 환자는 눈도 점점 보이지 않고 귀도 들리지 않게 되었다. 환자와 의사소통을 할 수단이 전혀 없었기 때문에, 그의 상황은 정말 심각했다.

내가 진단했을 때, 이 환자는 끊임없이 맥주를 요구하고 온갖 외설스런 언어로 간호사를 괴롭히고 있었다. 그가 진정으로 추구하고 있는 것과 그것을 현실로 성취하기 위해 동원하는 방법은 전혀 건드려지지 않은 채 그대로 남아 있었다. 그러나 만일 그의 감각 기관 중 하나가 작동하고 있었다면, 그의 말뿐만 아니라 그의 발상 자체도 어떤 경향에 의해 다소 뒤틀려 있었을 것임에 틀림없다. 잠을 자는 동안에 촉각이 작동하지 않는 것은 여러 면으로, 특히 행위의 영역이 자유롭게 바뀌고 어떤 목표가 별다른 방해를 받지 않고 나타나는 점 등에서 확인된다. 깨어 있을 때와 비교할 때, 이는 당연히 능동성의 강화와 강조로 이어지게 되고, 내용 면에서 보면 유추적이면서도 윤곽이 더욱 분명한 묘사와 암시를 낳게 된다. 그러나 꿈을 꾸는 사람의 조심성 때문에 이 묘사와 암시에 제한이나 장애가 수반될 수 있다. 꿈에 대해 다른 설명을 제시하는, 『꿈의 세계』(The World of Dreams)의 저자 헤이블록 엘리스(Havelock Ellis)조차도 이 문제에 대해 언급하고 있다.

그럼에도, 꿈에 나타나는 행위들의 방향, 다시 말해 꿈의 미래 예측 기능은 언제나 분명하게 확인된다. 꿈은 꿈을 꾸는 사람이 실제 삶의 길에서 봉착한 어려움과 관련해서 취해야 할 준비 사항을 미리 보여준다. 또 꿈은 꿈을 꾸는 사람이 안전을 지킨다는 목적을 결코 놓치지 않는다. 구체적인 예를 통해 꿈의 이런 특성을 보도록 하자.

심각한 광장공포증을 앓는 환자가 있다. 여자 사업가인 이 환자는 어느 날 몸이 아파 사업가로서의 임무를 수행하지 못하는 상태로 침대에 누워 있다가 다음과 같은 꿈을 꾸었다. "내가 어떤 가게로 들어가는데 거기서 소녀들이 카드놀이를 하고 있었어요."

광장공포증을 앓는 모든 환자에게서, 나는 광장공포증이 환경이나 인간관계, 남편이나 아내, 직원들에게 어떤 의무를 강요하는 수단으로, 또 그들에게 독재자나 신처럼 법을 강요하는 수단으로 아주 멋지게 이용되고 있는 것을 확인했다. 불안이나 현기증 혹은 메스꺼움을 이용해 다른 사람들이 자리를 비우거나 일을 게을리 하는 것을 막는 것이다.

이런 환자를 만날 때면 나는 언제나 이 같은 태도가 신의 대리자인 교황의 태도와 비슷하다는 점에 주목한다. 교황이 자신을 (바티칸에 갇힌) 죄수로 여기며, 자신의 개인적 자유를 포기함으로써 신자들의 숭배를 강화하고 세속의 모든 실력자들이 답방을 기대하지 않는 가운데 강제로 자신을 찾아오게 하는(1077년에 신성 로마 제국의 황제 하인리히(Heinrich) 4세는 카노사의 성을 찾아 교황 그레고리오(Gregorius) 7세에게 무릎을 꿇고 파문을 철회해 줄 것을 간청하기도 했다) 그런 태도 말이다.

나의 환자의 꿈은 그녀가 자신의 힘을 강제하려는 시도가 이미 명백해졌을 때 꾸어졌다. 해석은 간단하다. 꿈을 꾼 사람은 자신을 미래 상황에 놓고 있다. 자신이 침실에서 벗어나 사업장에 나가서 규정 위반을 조사하는 그런 상황이다. 그녀의 전체 정신생활을 보면 그녀가 없으면 어떠한 것도 제대로 돌아가지 않을 것이라는 확신이 강하게 작용하고 있다. 그녀는 삶의 다른 국면에서도 이 확신에 강하게 매달리고 있다. 왜냐하면 그녀가 똑똑한 척 굴면서 모든 사람을 낮춰보고 모든 것을 향상시키려 노력하고 있기 때문이다. 언제나 불신이 작동하고 있는 가운데서 그녀는 타인의 잘못을 찾아내려고 노력하고 있다.

그녀의 내면엔 온통 그런 불신을 뒷받침할 경험들뿐이다. 그러다 보니 그녀는 실수를 찾아내는 일에 다른 사람들과 비교도 안 될 정도로 예리하다. 그녀는 자유로운 시간이 주어질 경우에 직원들이 무엇을 할 것인지 정확히 알고 있었다. 그녀는 또한 남자들이 혼자 있을 때 어떤 짓을 할 것인지도 잘 알았다. "남자는 다 똑같아!" 그래서 그녀의 남편은 온종일 집에서 지내야 했다.

그녀의 마음가짐의 본질을 고려한다면, 그녀가 폐 문제에서 회복되자마자 자기 집 근처에 위치한 사업장에서 태만 사항을 다수 발견할 것은 불 보듯 뻔하다. 그녀는 심지어 직원들이 카드놀이를 한 사실까지 발견할 것이다. 그 꿈을 꾼 다음날, 그녀는 직원들에게 카드를 갖고 오게 했으며, 이런저런 구실로 여직원들을 자신의 침대 옆으로 불렀다. 직원들에게 새로운 방향을 제시하고 그들을 감독하기 위해서였다. 미래에 일어날 일을 알아내기 위해, 그녀는 수면 의식 속에서, 자신의 우월 목표에 어울리는 비유들을 끌어내기만 하면 되었다. 정말로, 그녀가 자신의 예상이 옳았다는 점을 입증하기는 아주 쉽다. 그녀가 병에서 회복한 뒤 요구의 기준을 높이기만 하면 되었다. 그러면 실수와 잘못이 틀림없이 발견될 것이다.

꿈 해석의 또 다른 예로, 키케로(Cicero)가 전하는 시인 시모니데스(Simonides)의 꿈을 제시하고 싶다. 시모니데스의 꿈은 이미 내가 꿈 이론의 일부를 만들면서 소개한 바 있다. 소아시아로 여행을 떠나기로 되어 있던 날을 하루 앞둔 날 밤에, 시모니데스는 "그가 경건하게 묻어준 어떤 죽은 사람이 그에게 오랫동안 계획한 여행을 하지 말라고 경고하는" 꿈을 꾸었다. 이 꿈을 꾼 뒤, 시모니데스는 여행 준비를 그만두었고 집에 머물렀다.

개인 심리학을 바탕으로 꿈을 해석한 경험에 따르면, 시모니데스가 이 여행을 두려워했으며, 그래서 그는 자신에게 은혜를 입은 사자(死者)를 이용해 스스로 무덤과 불행한 운명의 공포를 떠올림으로써 자신을 보호하려 했다는 식의 해석이 가능하다.

키케로가 전하는 이야기에 따르면, 시모니데스가 타려던 배가 전복되었다. 꿈을 꾼 시모니데스가 무서워했던 것도 바로 그런 사고였을 것이다. 그러나 만약에 배가 안전하게 목적지에 도착했다 하더라도 그것을 설명할 미신적인 이유는 아주 많을 것이다. 시모니데스가 경고를 무시하고 여행길에 올랐더라면 그가 탄 배가 가라앉았을 것이라는 식으로 말할 수도 있었을 것이다.

따라서 우리는 꿈에서 미래를 미리 해석하려는 시도가 두 가지 유형으로 이뤄지고 있는 것을 발견한다. 어떤 문제를 해결하려는 시도가 있고, 꿈을 꾼 사람 본인이 원하는 상황을 촉발시키려는 시도가 있는 것이다.

꿈을 꾸는 사람은 이 같은 시도를 자신의 인격과 천성, 성격에 가장 적합한 길을 따라 성취하려고 노력할 것이다. 꿈은 미래에 예상되는 어떤 상황을 마치 이미 존재하고 있는 것처럼 묘사할 수 있다(광장공포증을 가진 여자 환자의 꿈이 이런 예이다). 이는 물론 꿈은 꾸는 사람이 깨어 있는 상태에서 공개적으로나 비밀리에 이 배열을 현실로 구현하기 위해서이다.

시인 시모니데스는 자신이 여행을 하지 않도록 막기 위해서 옛날의 경험을 이용했다. 이 꿈이 꿈을 꾼 시모니데스 본인의 경험이고, 죽은 사람의 권능에 대한 시모니데스의 해석이고, 또 그에게 여행을 할 것인지 말 것인지에 대한 대답을 요구하는 당시 상황이라고 가정해 보자. 그런 경우에 이 모든 가능성들을 고려한다면, 시모니데스가 이 꿈을 꾼 것은 자신이 조금도 망설이지 않고 집에 머무는 쪽을 택해야 한다는 암시를 스스로에게 주기 위한 것이라는 인상을 지우기 어렵다. 여기서 우리는 시모니데스가 그 꿈을 꾸지 않았더라도 여행을 떠나지 않았을 것이라고 단정할 수 있다.

그렇다면 광장공포증을 앓는 우리 환자는 어떤가? 그녀가 직원들이 일을 소홀히 하는 꿈을 꾼 이유는 무엇일까? 우리는 그녀의 행동에서 그녀가 다음과 같은 생각에 빠져 있을 것이라고 짐작할 수 있다. "내가 없으면 제대로 돌아가는 게 하나도 없어. 건강을 되찾고 일을 다시 시작하기만 하면 모든 사람들에게 내가 없으면 일이 절대로 원만하게 돌아가지 않는다는 사실을 보여줘야겠어."

따라서 우리는 그녀가 사업장에 다시 출근하는 첫날 틀림없이 온갖 종류의 의무 태만과 부주의를 발견할 것이라고 자신 있게 말할 수 있다. 왜냐하면 그녀가 자신의 우월을 보여주기 위해 눈에 불을 켜고 문제점을 찾아 나설 것이기 때문이다. 그녀는 아마 자신의 판단이 옳았다는 점을 입증할 것이고 그것이 그녀가 꿈에서 미래를 예측한 이유이다. 따라서 꿈은 성격이나 정서, 신경증 증후처럼 꿈을 꾼 사람에 의해 미리 예정된 목적에 따라 배열된다고 할 수 있다.

이 대목에서 나는 많은 사람의 반대를 부를 어떤 논의를 제시하고 싶다. 꿈의 대부분이 쉽게 이해되지 않고 또 종종 터무니없고 무의미한 것들을 많이 포함하고 있는데, 내가 그 꿈이 일의 미래 전개에 영향을 미치게 되어 있다는 점을 어떻게 설명할 수 있단 말인가? 이 같은 반대 의견이 대단히 중요하기 때문에, 권위자들 대부분은 그처럼 어수선하고 이상하고 이해되지 않는 꿈의 표현에서 꿈의 본질을 찾아 꿈을 설명하려고 노력하거나 아니면 꿈의 이해 불가능성을 지적하면서 꿈에 어떠한 중요성도 부여하지 않고 있다.

꿈의 신비를 해석하려는 노력은 세르너(Karl Scherner)와 특히 프로이트(Sigmund Freud)에 의해 전개되었다. 프로이트는 자신의 꿈 이론의 바탕을 마련하기 위해 꿈의 특징인 난해함을 어떤 목적을 가진 왜곡으로 보았다. 말하자면, 꿈을 꾸는 사람이 문명이 가하는 제한에도 불구하고 적어도 공상을 통해 자신의 금지된 소망을 표현하기 위해 그런 난해함을 택한다는 것이다.

프로이트의 꿈 이론에 따르면, 꿈은 기본적으로 유아기에 이루지 못한 성적 소망의 표현이다. 오늘날 이 견해는 신경증의 원인을 성적인 것으로 보거나 우리 문명의 바탕을 성적인 것으로 보는 것만큼이나 터무니없는 이론으로 여겨지고 있다.

꿈의 난해함은 주로 다음과 같은 상황 때문에 생긴다. 꿈은 미래에 어떤 지위를 획득하는 수단이 아니다. 꿈은 꿈을 꾸는 사람의 육체와 마음이 다가올 어떤 어려움과의 연결 속에서 그 사람의 인격을 정당화하는 쪽으로 생각과 행동을 미리 준비하도록 한다는 점을 보여주는 부대적인 현상이고, 권력에 대한 암시이다. 그렇기 때문에 꿈은 당연히 난해하기 마련이다. 바꿔 말하면, 우리의 사고에 흐름이 하나 더 있다는 뜻이다. 이 사고의 흐름은 그 사람의 인격의 성격과 본질이 요구하는 방향으로 움직이면서 어려운 언어로 표현한다. 그래서 이 사고의 흐름은 이해된다 하더라도 분명하게 이해되는 예는 절대로 없다. 그럼에도 이 언어는 그 경로가 향하는 방향을 암시한다. 우리가 깨어 있을 때 하는 생각과 말이 명료하기 때문에, 우리의 행동을 준비시키는 꿈은 그만큼 명료할 필요가 없을 것이다. 왜냐하면 꿈은 바람 부는 방향을 가리키는 연기와 비슷하기 때문이다.

그런 한편 연기는 우리에게 어느 장소에서 불을 발견할 수 있는지를 알려줄 수 있으며, 우리의 경험은 불을 보면 나무를 떠올리라고, 무엇인가가 타고 있다는 사실을 떠올리라고 가르친다.

어떤 꿈을 구성 요소로 나누고 이 요소들이 꿈을 꾼 사람에게 무슨 의미인지를 알아낼 수만 있다면, 약간의 수고와 어느 정도의 통찰만으로도 그 꿈의 뒤에서 작동하고 있는 힘들이 어떤 목표를 향하고 있다는 사실을 확인할 수 있다. 꿈을 꾼 사람은 삶의 다른 측면에서도 이 방향을 추구하고 있으며, 이 방향은 그 사람의 자아가 이상으로 꼽고 있는 것에 의해, 또 그가 압박으로 느끼고 있는 어려움과 장애에 의해 결정된다.

예술적인 관점이라 불릴 만한 이 관점을 통해서, 어떤 사람이 추구하는 삶의 노선 또는 적어도 그 노선의 일부에 대한 지식이 얻어질 수 있으며, 또 그 사람이 삶의 압박과 자신의 불확실성을 지배하기 위해 무의식적으로 동원하는 삶의 계획도 보인다. 또한 그가 불확실성 때문에 패배를 피하기 위해 우회하는 길도 어렴풋이 파악된다. 개인 심리학자들은 그 사람이 다른 사람들과 맺고 있는 관계나 그 사람이 세상에 서 있는 위치에 관한 결론을 내릴 때에도 꿈을 다른 정신적 표현이나 삶의 다른 측면만큼 유용하게 이용할 수 있다. 꿈에서, 미래를 예상하는 사고의 모든 단계는 사전에 결정된 어떤 목표에 따라 방향을 잡고 또 개인적 경험을 활용하는 것 같다.

이제 우리는 꿈의 구조에 나타나는 이해 불가능한 것 같은 세부 사항을 보다 잘 이해할 수 있게 되었다. 꿈이 사실들을 그대로 표현하는 경우는 드물다. 설령 꿈이 사실을 그대로 표현한다 하더라도, 그 표현 자체는 꿈을 꾸는 사람의 특성에 따라 크게 달라진다. 사실들을 표현하는 꿈의 경우엔 최근에 일어난 일이나 현재의 그림들이 나타난다.

아직 해결되지 않은 어떤 문제의 해결책을 단순화하기 위해, 보다 추상적이고 유치한 비교가 동원될 수 있다. 종종 표현력 풍부하고 시적인 이미지를 암시하는 그런 비교이다. 예를 들면, 임박한 어떤 결정은 코앞에 다가온 학교 시험으로, 강력한 반대자는 자기 형으로, 승리에 대한 생각은 하늘로의 비상(飛上)으로, 위험은 심연이나 추락으로 나타날 수 있다. 꿈 속의 강한 감정은 언제나 미래를 예상하는 사고에서, 그리고 실제의 위협적인 문제들로부터 보호할 궁리에서 비롯된다.

꿈 속의 장면들은 삶의 복잡한 상황에 비하면 꽤 단순하다. 꿈 장면들의 단순성은 꿈을 꾸는 사람이 현실 속의 어떤 상황에 나타나고 있는 권력의 복잡성을 배제함으로써 탈출구를 발견하려고 하는 노력을 강하게 표현하고 있다. 권력의 혼란스런 복잡성을 배제하려는 마음이 강하다 보니, 꿈을 꾸는 사람은 이런 단순한 상황을 닮은 안내 노선을 기꺼이 따르려 한다. 예를 들어, 역학을 제대로 이해하지 못하고 있는 학생이 에너지의 추진력과 관련해 "네가 무엇인가에 떠밀릴 때 무슨 일이 일어나지?"라는 질문을 받고 당황하는 모습을 보이는 것과 똑같다. 만일 이때 막 교실로 들어선 이방인에게 이 질문을 던진다면, 그 사람도 우리가 꿈에 대한 이야기를 들을 때와 똑같은 표정을 선생에게 지을 것이다.

마지막으로, 꿈의 난해함은 맨 처음 논의한 문제와 연결된다. 그 문제를 논하면서, 우리는 어떤 행동을 보호하기 위해선 미래에 대한 어떤 믿음이 필요한데 그 믿음은 무의식에 깊이 잠겨 있다는 것을 보았다. 인간의 사고와 행동에 근본적으로 필요한 이런 태도에 따라 무의식 속에서 어떤 안내 노선이 인격 이상(理想)을 낳는다. 이 태도에 대해 나는 『신경증 기질』(The Neurotic Constitution)이라는 책에서 상세하게 설명했다.

이 인격 이상의 구축과 이 인격 이상으로 이끄는 안내 노선의 구축은 꿈과 꿈의 뒤에서 작동하고 있는 감정적 과정들에 동원되는 것과 똑같은 인지적 및 감정적 자료를 바탕으로 이뤄진다. 어떤 종류의 정신적 자료가 무의식에 남아야 하는 그 필요성이 꿈의 사고와 그림, 청각적 인상에도 매우 강하게 작용한다. 그렇기 때문에 꿈의 생각과 그림, 청각적 인상은 인격 자아의 통일성을 위험에 빠뜨리지 않기 위해서 마찬가지로 무의식 안에 남아야 한다. 다시 말해,

난해한 상태로 남아 있어야 한다는 뜻이다. 예를 들어, 광장공포증을 앓는 그 환자의 꿈에 대해 생각해보라. 그녀가 무의식적 인격을 통해 성취하려고 노력한 것은 환경에 대한 지배였다.

만일 그녀가 자신의 꿈을 제대로 이해했더라면, 그녀는 자신의 횡포한 행동을 직시하고 또 타인의 비판도 받아들일 수 있었을 것이다. 그러나 그녀의 진짜 욕망이 타인을 지배하는 것이었기 때문에, 그녀의 꿈은 그녀에게 이해 불가능했을 것이다.

이런 관점에서 보면, 신경증 환자가 본인의 과도한 목표를 의식하도록 하거나 그 목표를 낮추도록 할 수 있는 경우에 정신병과 모든 형태의 신경과민이 더 이상 이어지지 않고 향상되는 이치가 이해된다.

이제 환자 본인의 도움을 받아가며 꿈을 해석하는 과정을 부분적으로 보도록 하자. 이 환자는 신경과민과 자살 충동 때문에 나를 찾았다. 나는 꿈을 꾼 사람이 처음 떠올리는 가정에서 언제나 꿈 사고의 유추적인 측면이 두드러지게 나타난다는 사실을 특별히 강조하고 싶다. 이 환자가 처한 상황의 힘든 본질은 그녀가 자신의 형부와 사랑에 빠졌다는 사실에 있다. 꿈의 내용은 이렇다.

> 나는 예쁜 청색 드레스를 입고 머리를 멋지게 단정한 채 무도회에
> 서 나폴레옹과 함께 춤을 추는 꿈을 꾸었다.
> 이런 상황에서 다음과 같은 일이 벌어졌다.
> 나는 형부에게 나폴레옹의 역할을 맡겼다. 그렇게 하지 않으면 언

니로부터 그를 떼어놓을 길이 없었을 것이다(즉, 그녀의 신경증의 본질은 남자에게 고착되어 있지 않고 자기 언니보다 우월하고 싶은 욕망에 맞춰져 있다). 전체 상황을 고결하게 꾸미기 위해, 더 나아가 내가 현장에 너무 늦게 나타난 탓에 복수심에 휘둘리고 있다는 인상을 주지 않기 위해, 나는 당연히 나 자신을 루이 왕비로 상상해야 했다. 그렇게 해야만 나폴레옹이 동등한 신분의 아내를 맞기 위해 첫 번째 아내 조세핀과 이혼하는 것이 꽤 자연스러워 보이기 때문이다.

루이라는 이름에 대해 말하자면, 나는 한동안 이 이름을 사용했다. 한번은 어떤 젊은이가 나에게 세례명을 묻자 옆에 있던 나의 동료가 레오폴딘이라는 이름을 좋아하지 않아서 그냥 루이라고 부른다고 대신 말해준 적이 있다.

나는 왕비가 되는 꿈을 자주 꾸었으며(안내 노선), 왕비야말로 나의 가장 큰 야망이었다. 그래서 이 야망이 꿈속에서 나와 귀족을 갈라놓고 있는 심연 위로 어떤 다리를 놓도록 한다. 더욱이 이런 망상은 깨어 있을 때 나 자신이 집에서 멀리 떨어진 곳에서 혼자 자라도록 내던져졌다는 사실을 더욱 뼈아프게 느끼도록 만든다. 수시로 떠오르는 슬픈 생각 때문에 나는 나와 연결되는 행운을 누린 모든 사람들에게 거칠고 악랄하게 대한다.

나폴레옹에 대해 말하자면, 나 자신이 남자가 아니기 때문에 다른 사람들보다 월등히 더 훌륭하고 더 막강한 사람 앞에서만 무릎을 꿇기를 원한다는 점을 지적하고 싶다. 그런데 그렇다고 해서 내가 나폴레옹이 강탈자였다는 말을 하지 못하는 것은 아니다. 말하자면, 나는 나폴레옹 앞에서 허리를 굽히지만 그에게 진정으로 복종하는 것은 아니다. 왜냐하면 다른 꿈을 통해서 추론할 수 있듯이, 나 자신이 남자를 꼭두각시처럼 끈으로 묶어 조정하길 원하기 때문이다.

나에게 있어서 춤은 많은 것들의 대체물임에 틀림없다. 왜냐하면 음악이 나의 영혼에 엄청난 영향을 미치기 때문이다.

콘서트 동안에 형부에게로 달려가 키스 세례를 퍼부어 질식시켜버리고 싶은 욕망을 얼마나 자주 느꼈는지 모른다.

어떤 이방인에게 이런 감정을 느끼지 않기 위해 나는 열정적으로 춤을 취야 했다. 그러다가 파트너라도 없는 경우엔, 다른 사람이 나에게 접근해오는 것을 막기 위해 입술을 앙다물고 자리에 우울하게 앉아 먼 허공을 바라보아야 했다.

나는 사랑에 넘어가고 싶지 않았다. 그럼에도 내가 볼 때 춤과 사랑은 같은 통속이다.

내가 청색을 선택한 것은 그 색깔이 나에게 가장 잘 어울리고 나 자신이 나폴레옹에게 좋은 인상을 남겨야겠다는 욕망에 휘둘리고 있었기 때문이다. 나는 춤을 추고 싶은 욕망을 느꼈다. 옛날에는 그런 욕망을 품지 않았는데 말이다.

이 대목에서부터 해석은 점점 더 깊이 들어가다가 최종적으로 이 소녀의 무의식적인 인생 계획이 지배를 목표로 잡고 있다는 사실을 드러낸다. 그런데 이 목표는 지금 그녀가 춤추는 것을 더 이상 개인적인 수치로 여기지 않을 만큼 많이 변질되고 약해져 있다.

이젠 마무리해야 할 때이다. 꿈은 미래의 행위와 관련있는 것을 정신적으로 표현한 것이지만 그 표현은 마치 거울처럼, 그 다음에 이어질 일들과 관계있는 사건들과 육체적 태도들을 드러낸다. 그렇다면, 시대를 불문하고 사람들의 영혼이 꿈을 미래를 가리키는 길잡이로 받아들인 태도를 그냥 무시하는 것이 과연 타당할까?

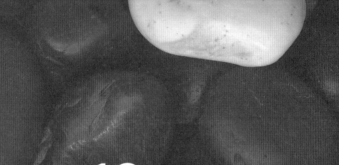

10장

정신증에 나타나는,
삶의 방편으로서의 거짓말과 책임

이 에세이는 기본적으로 신경증과 정신증으로 분류되는 모든 심인성 질병들이 어떤 고차원적인 징후들이며 따라서 이 질병들은 개인의 삶의 노선의 기법이자 표현이고 산물에 해당한다는 믿음을 바탕으로 하고 있다. 이를 뒷받침하는 자세한 증거는 또 다른 에세이를 통해 제시하게 될 것이다. 그러나 여기서도 이 잠정적 가설을 잠깐이라도 고려하고 넘어가야 한다.

이 가설에 대해 언급하면서, 나는 유명한 학자들의 견해에 많은 빚을 지고 있다는 사실을 기꺼이 인정한다. 많은 사람들 중에서 정신과의사 한 사람만을 언급한다면 라이맘(Raimamn)이 있다. 그는 개성과 정신증 사이의 연결을 분명하게 강조했다.

정신의학이 발달함에 따라, 질병들 사이의 경계도 갈수록 흐려지고 있다. 이상적인 유형이란 표현은 심리학 관련 책에서도 점점 사라지고 있고 현실에서도 점점 사라지고 있다.

여기서 내가 강조하는 "신경증의 통일성"에 대해서도 언급하고 싶다. 대체로 지금 우리는 개인 심리학이 중요한 기여를 한 어떤 관점을 다루고 있다. 그 관점이란 신경증을 가진 사람의 삶의 방식은 그 사람 개인의 경험을 바탕으로, 이용 가능한 신경증 혹은 정신증을 동원해 승리를 거두려 노력하는, 꽤 변하지 않는 규칙성을 보인다는 견해를 말한다.

개인 심리학의 연구 결과는 이 견해를 강력히 뒷받침하고 있다. 개인 심리학의 최종적 결과 중 하나는 환자가 현실과 정반대인, 그릇된 개인적 견해를 바탕으로 자신만의 내면세계를 구축하고 있다는 사실을 보여준다.

그럼에도 불구하고, 사회를 대하는 태도를 결정하는 환자의 이런 견해도 인간적인 관점에서 보면 쉽게 이해되고 또 다른 맥락에서도 꽤 흔하게 나타난다. 실제 생활에서나 문학 작품 속에서나 똑같이 그런 위기를 겨우 피하며 사는 개인들이 아주 많다. 유전이나 경험, 혹은 환경이 반드시 어떤 일반적인 또는 특별한 신경증을 낳는다는 점을 뒷받침하는 증거는 아직 없다.

신경증과 정신증의 원인은 그 사람 본인의 개인적 경향이나 음모와 결코 무관할 수 없다. 그렇다면 환자가 자신의 신경증적 혹은 정신증적 추론을 안전하게 지키고 그렇게 함으로써 질병의 '온전성'까지 지키려 들게 만드는 어떤 엄격한 가정(假定)에 병의 원인이 있다고 볼 수도 있다.

만일 환자가 삶의 목표, 즉 환자 본인이 상상하는 최종 장면에 휘둘리지 않으면서 엄격한 가정을 따르는 여정을 더 이상 지속하지 않게 된다면, 환자도 병을 덜 일으키는 방향으로 생각하고 느끼고 행동할 수 있을 것이다. 그러나 환자가 다른 사람들의 잘못으로 인해 실패를 겪고 있다고 생각하고, 그래서 개인적 책임으로부터 자유로워지는 것이 환자가 추구하는 삶의 계획의 절대 명령이다. 혹은 사소한 어떤 일이 벌어져서 그의 승리를 가로막도록 하는 것이 환자의 삶의 계획의 절대 명령이다.

이 같은 욕망의 본질이 기본적으로 인간적이라는 점은 너무나 분명하다. 환자는 삶을 살면서 자신이 발휘할 수 있는 권력을 최대한 이용하고 있으며, 따라서 '삶의 방편으로 하는 거짓말'이라는, 자신의 안전을 보호하려는 경향이 환자에게 최면을 걸면서 환자의 삶의 전체 내용물에 스며들게 된다.

환자에게 진실을 말해주려는 온갖 치료 방법과 노력은 환자에게서 무책임하게 살 수 있는 바탕을 빼앗는 것으로 여겨질 수밖에 없으며, 당연히 환자의 맹렬한 저항에 봉착하게 된다.

이런 저항의 태도는 삶의 계획을 안전하게 지키려는 환자의 경향에서 비롯되며, 또 동시에 사회적 결정을 내려야 하는 상황이 발생하는 즉시 환자가 우회나 휴전, 후퇴, 속임수, 계략에 의지하려 드는 성향을 그대로 보여주고 있다. 정신분석가는 환자가 임무나 예상되는 사태를 피하기 위해 동원하는 온갖 변명과 핑계를 너무나 잘 알고 있다.

개인 심리학에서 나온 논문은 이 문제들을 분명히 밝혀내어 누구나 볼 수 있도록 만들었다. 신경증 환자 중에서 죄와 책임을 다른 사람에게로 넘기려는 경향이 나타나지 않는 예는 거의 없다. 이런 예들 중에서 우리의 관심을 가장 많이 끄는 것은 건강염려증과 우울증의 그림이다.

이 대목에서 심인성 질병의 본질을 더욱 사실적으로 밝히는 데 매우 유용한 가이드로 이용할 수 있는 "반대자"(opponent)(신경증 환자의 라이프 스타일을 조사할 때 신경증 환자가 맞서고 있는 사람, 즉 반대자가 있을 수 있다는 점을 늘 의심해야 한다고 아들러는 강조한다. 환자의 상태로 인해 고통을 가장 많이 당할 사람이 반대자일 가능성이 높은데, 대체로 보면 가족 구성원이다/옮긴이)의 문제를 제기하고 싶다. 반대자가 누구인가 하는 문제를 풀려고 노력하다 보면, 심인성 병에 걸린 개인이 인위적인 고립 상태에 있는 것이 아니라 사회적으로 결정되는 체계 안에 갇혀 있다는 것이 확인된다.

이 같은 사실을 근거로 본다면, 신경증 환자와 정신증 환자의 호전적인 경향이 쉽게 이해된다. 이런 식으로 보지 않을 경우에 구체적인 질병으로 여겨졌을 것이 지금은 하나의 수단으로, 삶의 한 방식으로, 다시 말해 환자가 우월 목표를 성취하거나 우월을 누릴 권리를 느끼기 위해 취하는 경로를 암시하는 징후로 바뀌게 된다.

많은 정신증 환자와 신경증을 앓고 있는 개인들을 보면, 그들의 비난뿐만 아니라 공격까지도 개인을 향하지 않고 다수의 사람들, 경우에 따라서는 인류 전체와 이성애, 세상의 전체 질서를 향하고 있는 것이 확인된다. 이 같은 행동은 편집증 환자에게 특별히 더 두드러지게 나타난다. 반면, 정신분열증 환자에겐 세상에 대한 관심을 완전히 거둬들이는 현상이 나타난다. 이 현상은 동시에 세상을 저주하는 것이기도 하다. 극히 소수의 사람에게선 건강염려증과 우울증이 서로 대결을 벌이는 양상이 나타난다. 개인 심리학의 관점은 이런 환자들의 내면에서 일어나고 있는 계략까지도 이해할 수 있을 만큼 넓은 시야를 제공한다.

예를 들어 보자. 나이든 건강 염려증 환자는 자신이 실패할지 모르는 일로부터 해방됨과 동시에 친척이 자신과 자신의 주택에 대한 관리까지 떠안도록 강요할 수 있다. 이 환자와 결정 사이의 "거리"는 그의 문학적 재능인데, 이 재능은 무시하지 못할 만큼 훌륭하다. 그는 특별히 효과적인 광장공포증에 의존함으로써 이 "거리"를 강조한다.

그런 그에게 무슨 잘못이 있겠는가? 그는 혁명의 해(1848년)에 태어났으며, 그는 그 같은 역사가 자신에겐 지울 수 없는 낙인이라고 계속 주장한다. 소화 장애는 그가 환경을 지배하기 위해 채택할 수 있는 수단들의 목록 중에서 아주 강력한 수단이다. 그의 지배 욕구는 당연히 일을 늘리는 결과를 낳을 것이다. 그의 소화 장애는 흡연과 합목적적 변비 때문에 일어나고 있다.

52세인 기술자는 딸이 외출하면서 자신에게 인사를 하는 것을 잊은 날 밤에 우울증 발작을 겪었다. 이 남자는 자기 가족들에게 가장인 자신을 존경할 것을 언제나 요구했으며, 자신의 건강 염려증에 따른 문제를 이유로 가족들에게 엄격한 복종과 헌신을 강요했다. 예민한 그의 위는 식당 음식을 소화시키지 못했다. 그래서 그의 아내는 남편이 휴가를 가는 곳마다 따라가서 "남편의 건강 상태" 때문에 별도로 부엌을 빌려서 음식을 직접 장만해야 했다.

그는 딸이 "불효자식"처럼 행동하는 이유를 자신이 늙어가고 있다는 사실에서 찾았다. 그러면서 그는 딸의 그런 태도를 자신의 약함을 말해주는 것으로 받아들였다. 그는 자신의 위신이 위기에 처하게 되자 우울증 증세를 보였다. 그러면 딸이 죄책감을 느끼게 될 것이고, 자신이 하는 일의 중요성을 전체 가족에게 보여주게 될 것이다. 이제 그는 일의 성취에도 불구하고 세상에서 얻지 못할 것 같은 위신을 억지로 얻는 방법을 발견한 셈이다. 이리하여 그는 어떤 이유로든 개인적인 역할이 실망을 안겨줄 수 있는 상황에 처하게 되면 곧잘 자신의 책임을 남에게 전가시키는 계략을 확보하기에 이르렀다.

30세인 한 제조업자의 예다. 그는 나이가 들면서 2년마다 우울증에 걸리며, 한 번 우울증이 찾아왔다 하면 몇 주일 계속 이어졌다. 앞에 언급한 환자처럼, 그도 좋지 않은 일이 일어나서 위신을 구길 상황에 처하면 아프기 시작했다. 그는 또한 일까지 게을리했으며, 그의 활동에 의지하고 있던 가족 앞에서 곧 닥칠 가난에 대해 자주 언급함으로써 그들을 놀라게 만들었다.

그가 초래한 상황은 모든 면에서 그가 처한 환경의 압도적인 면을 많이 닮았다. 이제 그의 면전에선 어떠한 불평이나 비난의 소리도 나오지 않게 되었다. 그는 무모한 사업에 따르는 책임으로부터 자유로워졌고, 가족의 부양자로서 그의 중요성은 모든 사람들에게 뚜렷이 각인되었다. 우울증이 심각해질수록, 그의 불평도 더 심해졌고 그의 가치도 덩달아 올라갔다.

사업에 대한 분노가 사라지자, 그의 상태가 나아졌다. 그 이후로도 그가 경제적으로 불안정한 상태에 처할 때마다 우울증이 재발했다. 한 번은 세금 문제 때문에 우울증이 일어나기도 했다. 그러다가도 문제가 종결되기만 하면, 그의 상태는 언제나 나아졌다.

여기서 그가 가족 안에서 위신을 지키는 것을 삶의 방침으로 정하고 있다는 사실이 쉽게 확인된다. 그런 가운데 심각한 문제가 생길 때마다 우울증에서 안전을 찾고 있다. 이런 식으로, 그는 자신을 옹호함과 동시에 일이 잘못될 경우에 거기에 따를 책임까지 피하고 있다. 그러다 모든 일이 잘 끝나고 나면, 그를 인정하는 분위기는 더욱 분명해질 것이다.

따라서 이 환자의 예는 앞에서 설명한 "망설이는 태도"라는 징후를 분명히 보여줌과 동시에 어떤 결정을 내려야 할 때마다 "거리"를 만들어내는 행태를 보이고 있다.

바로 앞에 언급한 우울증에 대해 설명하기 전에 먼저 개인 심리학의 관점에서 우울증의 메커니즘을 보다 명료하게 정리하고 우울증이 편집증과 두드러진 대조를 이루는 측면에 대해 조금 설명할 생각이다. 우울증 환자의 호전적인 태도와 그런 태도가 사회적으로 형성된다는 점을 인정하기만 하면, 우울증에 걸린 사람을 사로잡는 우월 목표가 어떤 것인지를 보다 쉽게 알아낼 수 있게 된다.

우울증 환자가 처음에 취하는 경로는 틀림없이 이상해 보일 것이다. 예를 들어, 우울증 환자는 자신을 낮춰보고, 대단히 불행한 상황을 예상하고, 그런 상황과 자신을 동일시하면서 슬픈 감정을 일으키고 동시에 완전히 붕괴하는 모습을 겉으로 드러낸다. 이런 모습은 위대한 어떤 목표를 고집하는 것과 완전히 모순되는 것처럼 보인다.

점점 심해지고 있는 우울증 환자의 육체적 허약은 실은 주변 사람의 인정을 받고 책임에서 벗어나는 데 동원하는 공포의 무기가 되었다. 내가 볼 때, 진짜 우울증을 창조해내는 능력은 예술 작품을 창조하는 능력과 비슷한 것 같다. 단지 우울증을 창조하는 사람의 경우에 창조적인 의식이 부족하고, 또 환자의 태도가 일찍이 어린 시절부터 익숙했던 어떤 조건을 나타내는 것이라는 점만 다른 것 같다.

환자의 태도를 어린 시절까지 거슬러 올라가며 추적하다 보면, 이 태도가 실은 하나의 계략이며 불확실성이 지배하는 시기를 거치면서 자동적으로 채택되는 삶의 방식이라는 것이 확인된다. 실제로 이 같은 태도는 자신의 의지를 타인에게 강요하려는 욕망이며 또 병을 무기로 위협함으로써 자신의 위신을 지켜내는 한 방법이다.

그 같은 목표를 성취하기 위해 환자는 자신의 모든 에너지와 육체적 및 정신적 가능성을 결합시킨다. 환자는 수면과 영양 섭취, 대소변 기능 등을 방해한다. 그러면 환자는 힘을 잃을 것이고, 동시에 자신이 아프다는 점을 입증할 수 있게 된다. 환자는 이 코스를 계속 추구할 것이고, 그러다 보면 나중엔 논리적으로 자살 결론에까지 이를 수 있다. 우울증의 공격적인 본질을 추가적으로 뒷받침하는 증거는 이따금 나타나는 살인 충동과 자주 나타나는 편집증적 특징들이다.

이런 징후가 나타나는 환자들의 경우에 죄의식을 다른 사람에게 넘기려는 현상이 두드러진다. 한 예를 들면, 남편이 암을 앓고 있는 친척을 방문하도록 강요한 탓에 자신이 암에 걸렸다고 믿는 여자 환자가 있다.

요약하면, 우울증 환자의 태도와 편집증 환자의 태도의 차이점은 우울증 환자가 문제의 원인이 자신에게 있다고 느끼는 반면에 편집증 환자들은 남을 탓한다는 점이다.

이 문제를 조금 더 설명하자면, 우울증과 편집증을 앓는 사람들은 자신의 우월을 확립할 수 있는 다른 방법을 전혀 찾을 수 없을 때에만 앞에 설명한 태도를 보인다는 점을 강조하고 싶다. 덧붙여서, 우울증과 편집증은 인간의 보편적인 특성에 속하며 그런 유형은 찾으려 들기만 하면 아주 널리 분포하고 있다는 사실이 확인된다는 점도 강조하고 싶다.

"광적인" 생각들을 바로잡는 것은 불가능하다는 주장은 부분적으로 맞는 말이긴 하지만, 우월 목표의 성격 자체가 강압적이라는 점에 비춰보면 그 같은 현상은 논리적으로 너무나 당연하다. 앞에서 우리는 정신병을 앓는 개인이 언제나 거짓 핑계로 "거리"를 만들어냄으로써 자신의 감정을 보호한다는 점을 보여줄 수 있었다.

신경증을 치료하기 위해선 환자 본인이 자신을 안내하고 있는 이상들을 "잠정적으로" 약화시킬 필요가 있다. 환자가 징후에 맞서 거두는 성공도 환자 자신이 신경증을 치료하겠다고 각오를 다지거나 목표의 경직성을 점진적으로 약화시킬 수 있을 때에만 진정으로 효과를 발휘할 수 있다.

우리가 아는 한, 광적인 생각은 절대로 실수를 저지르지 않는다. 광적인 생각은 환자의 삶을 안내하고 있는 보다 큰 생각의 영향을 받고 있으며, 환자가 책임을 느끼지 않도록 만들고 또 "거리"를 창조해냄으로써 자아의식의 보호라는 종국적 목적을 성취한다. 논리적인 검사로는 조증(躁症)을 거의 건드리지 못할 것이다. 왜냐하면 조증이 잘 검증된 삶의 방식으로서 그 목적을 성취하고 있고, 또 환자 본인이 엉터리 현실 감각에 곧잘 보호를 요청하고 나서기 때문이다.

지금 설명하고 있는 우울증 환자는 치료 초기에 꾼 꿈에서 자신의 병에 관한 모든 것을 두루 드러냈다. 그는 그때까지 차지하고 있던 비중 있는 자리에서 본인이 스스로 가치를 입증해야 하는 자리로 밀려났을 때 우울증에 걸렸다. 12년 전인 16세 때에도 그는 이와 비슷한 상황에서 우울증에 걸렸다. 그가 꾼 꿈은 다음과 같은 내용이었다.

"내가 어느 펜션에서 점심을 먹고 있었어요. 내가 한동안 눈길을 주었던 소녀가 음식을 준비하고 있었지요. 그런데 갑자기 세상이 종말을 맞고 있다는 느낌이 들었어요. 동시에 소녀를 강간해도 괜찮겠다는 생각이 들었어요. 책임을 지지 않아도 될 테니까요. 그런데 강간을 저지르고 나니 세상의 종말이 아니라는 것이 분명해졌어요."

꿈의 해석은 간단하다. 환자는 사랑과 관련 있는 모든 결정을 피하길 원하고 있다. 책임을 지고 싶지 않기 때문이다. 환자는 종종 세상의 재앙(인류의 적)에 대해 생각했다. 성적인 것으로 위장한 이 꿈은 그가 정복할 수 있기 위해선 세계의 대재앙을 믿어야 했다는 점을 보여주고 있다. 그런 식으로, 책임을 지지 않아도 된다는 느낌을 만들어 내고 있는 것이다. 환자의 마지막 행위(강간)는 그에게 허구적인 사건을 통해서, "as if 절"을 통해서, 타인들에게 폭력을 행사하는 공격적인 방법을 통해서 목표를 성취하는 길을 보여주고 있다.

이제 환자의 삶을 안내하고 있는 방향을 검토할 차례이다. 환자는 자신을 전혀 신뢰하지 못하는 사람이며, 직접적인 공격으로 성공할 것이라고 기대하지 않는 사람이다. 그러므로 우리는 그의 초기 삶의 사실들로부터, 그가 현재 처한 우울증의 단계를 바탕으로, 그가 우회적인 경로로 목표를 달성하려 할 것이라는 점을 알게 될 것이다. 또한 그가 목표에 대한 직접적 접근과 자신 사이에 "거리"

를 만들고 나설 것이라는 점도 예상해야 한다. 그가 결정을 내려야 하는 입장이라면 어떤 "이상적인 상황" 쪽으로 기울 것이라고 자신 있게 말해도 아마 별 문제가 없을 것이다. 왜냐하면 그런 상황에서 그가 어떤 무서운 재앙을 확실히 예상하면서 모든 책임으로부터 자유로워질 것이기 때문이다. 또 그가 승리를 확신할 때에야 자신 감을 다시 찾게 될 것이라고 짐작해도 무방하다.

환자의 꿈을 해석한 결과 얻게 된 이 같은 의견은 내가 앞에서 우울증과 관련해서 말한 견해와 일치한다. 신경증적인 태도는 인류의 과반 이상에 어느 정도 일반적으로 나타나고 있으며 신경증 환자 사이에선 자주 보인다.

책임을 지지 않으려 하는 태도와 그런 태도를 가능케 하는 생각들이 정신병에 해당할 만큼 심해지면, 신경증적인 태도는 그 사람의 삶을 안내하는 우월 믿음의 핵심이 되어 힘을 발휘함과 동시에 삶의 논리적 요구까지도 왜곡하게 된다. 이를 설명하기 위해선 우리 환자의 내면에 반사회적인 지배 욕구와 완고함이 작용하고 있다고 봐야 한다. 그래도 환자 본인에게 그런 특성이 있는지 물으면 당연히 없다는 대답이 돌아올 것이다.

이 환자의 기억 중 몇 가지에 대해 언급할 생각이다. 소년 시절에 춤을 추다가 넘어지면서 파트너를 잡아당겨 둘이 함께 넘어졌으며, 그런 가운데 안경이 벗겨졌다. 그는 몸을 일으키기 전에 안경을 찾으려고 손을 뻗었으나 한쪽 손만은 여전히 파트너를 잡고 있었다. 훗날 돌이켜볼 때 별로 유쾌한 장면은 아니었다. 이 사건에서 이미 그의 비사교적인 태도, 다시 말해 폭력적인 경향이 탐지된다.

또 다른 기억에서는 자신의 의지를 남에게 강요하는 수단이 더 분명하게 나타났다. 예를 들어, 그는 소파에 드러누워 아주 오랫동안 울었던 일을 기억하고 있다. 이 기억에 대해선 환자는 어떤 설명도 내놓지 못했다. 환자가 지배욕과 고집을 키우는 데 한몫했던 그의 형은 동생(환자)이 그때 끝없이 울어대는 바람에 소파를 통째로 양보했다는 이야기를 들려주었다.

여기서 환자가 자신의 수면과 음식 섭취, 대소변 기능을 어떤 식으로 방해하는지, 또 어떻게 힘을 잃고 자신이 아프다는 것을 입증하는지에 대해 세세하게 논하고 있을 수는 없다. 또 그가 충족 불가능한 조건과 약속을 설정함으로써 자기 자신과 타인에게 자신의 처지의 절망스러움을 보여주는 방식에 대해서 설명하거나, 그가 가족이 취한 조치와 의사의 추론을 모욕으로 해석하는 이유에 대해서도 설명하고 있을 수 없다.

그는 자신에겐 아무런 능력도 없고 생계를 유지할 가능성도 전혀 없다는 식으로 나오기에 이르렀다. 그렇게 함으로써 가족과 친구들이 그를 대신하도록 만든 것이다. 그는 직장 상관이 자신의 소망을 보다 호의적으로 받아들이도록 하는 일에도 가족과 친구들을 끌어들였다. 그때 그의 소망은 다시 주인의 역할을 맡을 수 있는 자리로 옮기는 것이었다. 그렇기 때문에 그의 적대감은 그의 아래에 있는 모든 직원들에게로 향했다.

그의 계획은 무책임해도 좋은 조건에서 폭력을 휘두를 수 있는 조건으로 옮겨가는 것이었다. 마침내 목표를 성취했기 때문에, 그는 자신에게 세상이 종말을 맞지 않을 것이라는 점을 확신하도록 허용했을 것이다.

『신경증 기질』이라는 책에서, 나는 조증이 일어나는 데 필요한 조건이 어떤 것인지를 밝혔다. 선택된 환자들을 근거로 판단할 경우에 그 조건은 다음과 같다.

1. 어떤 결정을 앞두고 결정을 직시하지 못하는 무능력과 불확실성의 감정이 치열해진다.
2. 정신의 메커니즘이 현실로부터 크게 벗어나며 현실을 과소평가하려는 경향이 뚜렷해진다. (특히 사회의 한 기능으로서 합리성이 지니는 가치를 부정한다.)
3. 가상의 우월 목표로 이끌 삶의 노선이 강화된다.
4. 삶을 안내할 이상을 예상한다.

4번 조건이 우울증에 미치는 영향과 관련해서, 나는 우울증을 앓는 사람은 절망적일 만큼 연약하고 가진 게 하나도 없는 아이에 가까워지려고 노력한다는 점을 덧붙이고 싶다. 우울증 환자가 그런 태도를 보이는 이유는 개인적 경험을 통해서 그런 아이가 엄청난 힘을 갖는다는 사실을 확인했기 때문이다. 우울증 환자의 태도와 징후, 무책임성은 바로 그런 아이와 비슷해지려는 노력인 셈이다.

정신과의사들은 정신증의 근본적인 성격이 행동을 하게 할 적절한 동기가 부재하다는 사실에서 발견된다고 주장한다. 정신증의 본질에 이런 식으로 접근하는 것이 나에겐 이해가 되지 않는다. "동기"의 문제에 대해 우리 개인 심리학자들도 잘 알고 있으며, 우리의 논의에서 동기가 빠지는 일은 절대로 없다. 현대 정신의학에서 오늘날 개성과 성격에 결정적인 역할을 부여하고 있는 것은 정신의학이 진정으로 진보하고 있음을 보여주는 표시이며, 개성과 성격은 개인 심리학의 문제들과 직결되고 있다.

건전한 정신에나 병에 걸린 정신에나 똑같이 중요한 질문은 어디서 왔는가가 아니라 어디로 가는가 하는 것이라는 점을 명심해야 한다. 왜냐하면 정신의 다양한 움직임을, 다시 말해 개인의 본성에 속할 뿐만 아니라 특별한 준비를 거치는 정신의 움직임을 이해하려고 시도하는 것은 어디까지나 정신이 추구하는 목표와 그 방향을 잘 알고 난 다음에야 가능한 일이기 때문이다.

빈 학파에 따르면, 우울증은 다음과 같이 정의된다. '우울증의 기본적 특징은 일차적(즉 외부 상황에 의해 일어나는 것이 아니라는 뜻) 우울로, 슬픔과 분노의 성격을 띠며 생각을 간섭하는 현상이 수반된다.'

개인 심리학의 견해에서 보면, 목표의 성격이나 특별한 안내 노선에 의해 야기된 동기에 비중을 두는 것은 지극히 자연스런 결론이다. 이 동기는 우울증의 은밀한 작용과 같은 의미이다. 우울증에서 "머뭇거리는" 태도와 "퇴행"이 발견되는데, 이 두 가지는 결정을 내려야 한다는 사실에 대한 두려움 때문에 일어난다. 따라서 우울증은 환자가 자신과 우월의 목표까지의 "거리"를 우회적인 방법으로 돌아서 목표를 이루려는 시도이고 고안이다.

신경증과 정신증을 앓는 모든 환자들의 경우에, 목표의 성취는 "비용"을 기꺼이 부담함으로써만 성취된다. 그래서 이 병은 자살시도와 비슷하며, 우울증 환자가 자살로 생을 마감하는 예도 더러 있다.

우울증 환자의 사고 방해와 언어 장애, 무감각 상태, 특이한 행동거지 등이 "멈칫거리는 태도"가 어떤 것인지를 구체적으로 떠올리게 한다. 이 모든 요소들은 사회적 기능의 장애와 마찬가지로 공동체 감정이 크게 떨어졌다는 사실을 암시한다. 공포는 언제나 안전 목적에 이바지하는 방어 무기이자 병의 증거이며, 분노와 우울 발작은 이따금 허약을 광적으로 표현하는 형식이다. 우울증은 언제나 아침에, 말하자면 환자가 삶의 활동에 들어가려는 순간에 가장 심해지는 것 같다.

경험 많은 관찰자는 우울증에 걸린 개인의 "호전적인 태도"를 절대로 놓치지 않았다. 예를 들어, 필즈(Pilz)는 특히 환자의 양심의 가책이 종종 그 결과로 환자에게 터무니없는 선물을 안겨준다는 사실을 보여주었다. 개인 심리학은 필즈의 견해와 관련해 '터무니없는'이라는 표현에만 반대한다. 겉보기에 수동적인 정신증엔 언제나 증오의 감정과 얕보려는 경향이 보인다. 병에 걸린 사람은 가족을 처벌하려는 욕구를 만족시킨 다음에 자신이 증오의 감정을 품었다는 이유로 양심의 가책을 아프게 느낀다. 환자는 그렇게 함으로써 책임으로부터 자유로워질 것이다.

우리 환자의 과거 역사는 우울증에 걸린 모든 사람들은 어떤 한 유형에 속한다는 점을 분명히 뒷받침하고 있다. 어떠한 것에도 치열하게 관심을 주지 않고, 뿌리가 쉽게 뽑히고, 자기 자신과 타인에 대한 믿음을 쉽게 잃어버리는 유형을 말한다. 우울증에 걸린 사람들은 상태가 꽤 괜찮을 때조차도 야망의 태도와 동시에 망설임의 태도를 보일 것이다. 그들은 책임 앞에서 몸을 사린다. 혹은 그들은 삶의 방편으로 어떤 기만을 구상하는데, 기만의 내용은 그들의 허약으로 이뤄져 있다. 그 기만을 바탕으로 한 환자의 추론은 타인들을 대상으로 한 투쟁을 낳는다.

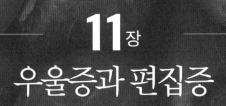

11장
우울증과 편집증

다음에 나열하는 것들은 신경증과 정신증에 영향을 미치는 힘들로, 내가 발견하고 설명한 것들이다. 유아기의 열등감, 안전을 지키려는 경향, 자동적으로 검증을 거치는 방법들, 공동체의 참여 요구에 대한 반응으로 나타나는 특징적인 감정과 징후와 태도, 환경의 감정에 맞서는 것으로서의 인격의 감정을 상상 속에서 증대시키기 위해 온갖 방법을 동원하려는 노력, 삶에 대한 진정한 평가와 개인적 책임을 피할 목적으로 자기 자신과 공동체의 기대 사이에 "거리"를 창조해낼 방법을 모색하는 것 등이 그런 힘들이다. 이 모든 사실들을 바탕으로 나를 비롯한 다수의 전문가들은 신경증과 정신증을 설명하는 원리들을 제시할 수 있었다. 이 원리들은 신경증과 정신증을 이해하는 데 근본적으로 필요한 것으로 다방면에서 입증되었다.

정신증의 메커니즘에 관한 나의 결론은 이런 식으로 정리될 수 있다. 먼저 조증의 기본적인 의미가 3가지 있다. 안전을 확보할 목적으로 미래의 어떤 소망이나 공포를 표현하고, 현실을 고의적으로 과소평가하고, 그렇게 함으로써 결과적으로 자아의식을 강화하는 것이다. 여기에다가 대단히 중요한 사항을 두 가지 더 더해야 한다. 자신이 속한 보다 큰 환경에 맞서 투쟁을 벌이고, 행위의 현장을 중요한 영역에서 중요하지 않은 부차적인 영역으로 옮긴다는 점이다.

조증의 이 다섯 가지 조건은 논리적으로나 심리적으로 서로 연결되어 있다.

우울증

1. 우울증은 아주 어린 시절부터 삶의 방식이 다른 사람들의 행동과 지원에 의존해 온 개인들 사이에 일어난다. 불완전한 행위와 남자답지 못한 징후들이 지배적인 모습을 보인다.

그런 사람들은 일반적으로 자신을 가족 집단이나 작은 친구 집단으로 한정시키는 것으로 확인된다. 또 그들은 언제나 타인을 의지하려 들고, 다른 사람들이 자신에게 복종하도록 만들고, 자신의 무능을 과장함으로써 다른 사람들이 자신에게 맞추도록 한다.

지금처럼 위신을 숭배하는 시대에 그들의 엄청난 이기주의가 이따금 그들에게 외적 성공을 안겨준다는 점은 어쨌든 우리의 주장과 모순되지 않는다. 우울증을 앓는 사람들은 자신들의 삶이나 발달, 심지어 자신만의 행동 영역에 집착하는 행태 등에 나타나는 근본적인 문제들을 회피하려 하거나 접근하더라도 망설이며 접근하는 모습을 보일 것이다. 어려움이 눈에 보이는 상황이라면, 이 같은 현상은 더 심해진다.

전형적인 조울증 환자는 이와 반대로 모든 행동을 열정적으로 시작해 놓고는 금방 관심을 잃어버린다. 조울증 환자가 상태가 좋은 상황에서 하는 움직임과 태도에도 뚜렷이 나타나는 이 같은 리듬은 병이 일어나는 시기에 광적인 생각과 고의적인 왜곡에 의해 더욱 치열해지고 강화된다.

이 두 가지 형식, 즉 우울증과 조울증 사이에 간헐적 우울증이 자리 잡고 있다. 환자가 삶의 일부 요구(결혼, 직업, 사회)를 물리치기 위해 자신의 성공에 대한 불신을 떠올리는 때가 바로 간헐적 우울증이 일어나는 때이다.

2. "우울 유형"이 전반적으로 삶을 꾸리는 행태를 보면, 이 유형의 전제조건과 출발점이 허구인데도 그 사람의 삶 전반에 스며들고 있는 견해라는 것이, 말하자면 유아기의 정신생활에 뿌리를 박고 있는 우울한 견해라는 것이 드러난다. 이 견해에 따라, 그 사람에게 삶은 장애물로 가득하고 또 과반수의 사람들이 적대적인 그런 세상에서 벌여야 하는 힘든 운(運)의 게임처럼 보인다.

공동체의 유대감에 반감을 품는 이런 태도에서 어떤 치열한 열등 감이 확인된다. 이 열등감이 바로 내가 설명한 신경증적 성격의 밑 바닥에 자리 잡고 있는 계략들 중 하나이다. 성격의 특성이나 감정, 마음가짐, 행위(울기!) 등으로 바뀐 공격적인 경향을 통해 보호받 고 있을 때의 우울 유형 사람들을 보면, 그들은 인생의 사건들을 처 리할 수 있다고 느끼고 있으며 "정신이 온전하고 건강할 때" 소수 의 친구들 사이에 평판을 확보하려고 노력한다. 그들은 자신의 주 관적인 열등감이 구체적으로 드러나도록 내버려둠으로써 어린 시 절부터 타인들에게 "무능 보조금"을 올려줄 것을 끊임없이 요구할 수 있는 위치에 선다.

3. 어린 시절부터 관심을 끌려고 끊임없이 애를 쓰는 행태로부터, 그들의 자기평가가 대단히 낮다고 추론할 수 있다. 그럼에도 불구 하고, 그들의 행동은 특별한 발달을 이룰 기회를 놓친 것을 애석해 하는 것 같다. 그들은 자신들이 실패한 원인으로 열악한 환경을 암 시하거나, 광적이고 우울한 생각을 통해서 자신이 초인(超人) 같거 나 신의 능력을 가졌다는 식의 뿌리 깊은 가정을 드러낸다. 병에 걸 린 개인이 울부짖으며 토해내는 불평도 바로 이런 가정에 바탕을 두고 있다. 이때 환자가 터뜨리는 불평은 자신이 위대하다는 망상 을 가리고 있다. 그가 죽을 경우에 자기 가족을 압도하게 될 무서운 운명을 걱정하는 것도 그렇고, 또 세상의 파괴나 전쟁의 발발, 어떤 사람의 죽음이나 파멸을 놓고 자신의 역할을 비난하는 말도 마찬 가지로 자신이 위대하다는 망상을 숨기고 있다.

이처럼 자기 자신의 무가치함에 대한 불평에서 환자의 가족이나 친구가 처하게 될 물질적 및 도덕적 위험에 대한 경고와 동시에 환자의 개인적 중요성을 강조하려는 의도가 종종 확인된다. 그렇다면 환자 본인의 개인적 중요성을 확인하는 것이 우울증 환자들의 목표이며, 우울증 환자들은 그런 목표를 가진 상태에서 자신의 온갖 열등을 공개적으로 비난하고 또 모든 실수와 잘못의 탓을 과시하듯 자신에게로 돌린다.

우울증 환자들의 이런 행동은 거의 틀림없이 목표를 성취한다. 적어도 그들이 제한적인 집단 안에서 관심의 중심에 서게 되고, 그러면 주변 사람들이 그들을 돕기 위한 행동을 더 많이 하고 더 많은 희생을 치르려 할 것이다. 그런 한편, 우울증 환자 본인은 어떠한 의무감으로부터도 놓여날 수 있게 된다. 이것은 그들의 이기적인 이상과 아주 잘 맞아떨어지는 조건이다. 왜냐하면 이 이상이 우울증 환자로 하여금 다른 사람들과의 모든 연결을, 다른 사람들에 대한 모든 적응을, 그리고 다른 사람들이 자신의 권리를 간섭하는 것을 견딜 수 없는 강압과 개인적 위신의 심각한 상실로 느끼도록 만들기 때문이다.

이 같은 자기질책과 자기비하와 함께, 유전이나 부모의 양육 실패, 친척이나 상급자의 배려 부족 등을 은연중에 언급하는 말이 언제나 발견된다. 이런 식으로 타인을 탓하는 행태는 편집증과 관련 있는 또 하나의 현상인데, 이 같은 행태는 원래 우울한 상황에서 비롯되었을 수 있다.

예를 들어 보자. 어머니가 큰딸과 함께 장기간 여행을 하기로 결정할 때 작은딸이 돌연 우울증을 보일 수 있다. 혹은 어떤 사업가가 동업자의 결정적인 표결 때문에 자신의 뜻과 반대되는 결정을 내려야 할 때 갑자기 우울증을 보일 수 있다.

　앞의 예처럼 육체적 이상(異常)을 우울증으로 언급하는 관행이 우울증은 치료 불가능한 병이라는 인상을 남긴 것도 사실이다. 당연히 이 같은 인상도 우울증의 중요성을 엄청나게 키우기 마련이다. 그런데 우울증 환자가 자신의 병에 대해 치료 불가능하다고 말하는 것은 어쩌면 너무나 당연하지 않은가.

　따라서 우울증도 다른 모든 신경증과 정신증처럼 자신의 의지와 인격의 사회적 가치를 높이려는 환자의 목적을 성취하도록 돕는다. 적어도 환자 본인의 의견에는 그렇게 보인다. 유아적인 정신 상태를 가진 사람들 사이에 우울증이 특별히 강박적인 성격을 띠는 것은 깊은 불만과 열등감의 압박 때문이다. 그런데 이 압박은 객관적으로 고려할 경우에 절대로 심각한 압박이 아니다. 이 압박은 우울증을 앓는 사람이 삶에 따르기 마련인 다양한 위기 속에서 어떤 행동을 하기 위해서 치르는 대가치고는 터무니없을 만큼 크다.

　우울증 환자들이 끊임없이 우월을 추구하도록 만드는 민감한 야망은 그들로 하여금 그보다 훨씬 더 중요한 사회적 과제들 앞에서 뒤로 물러서거나 주저하도록 만든다. 따라서 그들은 체계적인 자기억제를 통해서 대단히 제한적인 친구들 사이에서만 통하는 부차적인 방법을 택하게 된다. 그러면 우울증 환자들은 힘들 것 같은 변화가 새로 닥칠 때까지 이 방법에 강하게 집착한다. 그러다가 변화가 닥치면, 어린 시절에 다듬어졌다가 한 번도 수정되지 않은 채 간직되어 온 계략이 슬며시 고개를 들게 되고, 따라서 우울증 환자는 권력을 얻기 위해 허약과 병을 내세우며 자신의 중요성을 최소화한다.

4. 우울 유형의 사람이 자신의 지위를 높이기 위해 어린 시절부터 줄곧 동원한 공격 무기 중에서 효과가 가장 탁월한 무기는 불평과 눈물, 우울 등이다. 우울 유형의 사람은 주변 사람들의 도움을 필요로 하는 처지와 자신의 허약을 몸부림치듯 간절하게 보여준다. 그러면 다른 사람들은 어쩔 수 없이 그의 처지를 오해하며 그를 돕게 된다.

5. 이 환자들은 자신이 삶에서 성공을 거두지 못하는 것은 결코 자신의 책임이 아니라는 확신을 각자 나름대로 얻는다. 왜냐하면 그들이 자신의 약점은 바꿀 수 없는 것이라는 점을 강조하는 한편으로 외부 도움이 부족하다는 점을 거듭해서 주장하기 때문이다.

우울증 유형이 공포증 및 건강염려증 유형과 정신적 유사성을 갖고 있다는 사실은 명확히 확인된다. 그러나 보다 강력한 공격 목표가 있고 열등감이 보다 치열하기 때문에 열등에 대한 깨달음이 사라지는 것이 우울증 유형의 특징이다. 또 불가피한 비극이 예상되고 또 임박한 위험에 몰두하기 때문에 광적인 생각들에 대한 모든 비판이 배제되는 것도 우울증 유형의 특징이다.

우울증이 무조건적으로 내리는 명령은 "당신이 떠올린 무시무시한 운명이 이미 당신에게 닥쳤고 그 운명을 피하는 것은 불가능하니 거기에 맞춰 행동하고, 생각하고, 느끼라"는 것이다. 조울증의 중요한 전제조건은 예언적 통찰력을 갖고 신처럼 되는 것이다.

이런 인식만 있어도, 비관적인 관점이라는 공통점을 기준으로 측정할 때 신경증과 정신증의 상호관계가 분명히 드러난다. 간단한 예를 들어 보자. 야뇨증의 경우에 그 명령은 "화장실에 들어온 것처럼 행동하라!"이다. 야경증(夜警症)의 경우에 그 명령은 "대단한 위험에 처한 것처럼 행동하라!"이다. 소위 신경쇠약 및 히스테리, 허약과 마비, 어지럼, 메스꺼움 등의 경우에 명령은 이런 식이다. "머리에 어떤 쇠사슬이 죄고 있다고, 목구멍에 무엇인가가 찌르고 있다고 상상해! 실신 직전이라고 상상해! 걸을 수 없다고, 주변의 모든 것이 회오리를 일으키고 있다고, 상한 음식을 먹었다고 상상해!"

그것은 언제나 주변 사람들과 환경에 영향을 끼치는 문제이다. 이미 내가 주장한 바와 같이, 죽음과 주체할 수 없는 분노, 중독 징후, 두려움과 패배 회피 등이 마치 무언극처럼 표현되는 "진성(眞性) 간질"의 경우에 이 말이 맞다. 겉으로 표현되는 특징의 본질은 본인의 생체가 지닌 가능성에 따라 달라지며, 타고난 열등의 징후를 통해 이 생체의 가능성을 추론하는 것도 가능하다. 생체의 가능성들은 신경증 환자의 높은 이상에 유리하게 작용하는 것으로 드러나는 즉시 어떤 역할을 하기 시작한다.

이런 모든 환자들의 경우에 그 징후나 발작은 환자가 (예언이라는 수단을 빌려서) 현재로부터 철수했거나 (자신의 역할에 몰두함으로써) 현실로부터 철수했다는 것을 의미한다. 이 철수의 성공이 가장 확실히 이뤄지는 곳이 아마 "진성 간질"일 것이다.

이런 유형의 사람들 사이에 가장 흔하게 나타나는 특징 하나가 바로 환자가 막내(경우에 따라서 동생과 터울이 많이 지는 경우도 있다)이고, 얼굴의 오른쪽이 왼쪽보다 낮아 비대칭을 이루고, 두정골(頭頂骨)이 튀어나오고 왼손잡이일 확률이 높다는 점이다.

정신증은 정직한 노력을 포기하려 하는 환자의 태도가 어느 정도 확고하냐에 따라서 세상으로부터 철수하려는 태도와 현실을 과소 혹은 과대평가하려는 경향을 드러낸다.

6. 신경증에서와 마찬가지로 정신증에서도, 새로운 힘든 상황이나 직업상의 결정, 혹은 망설이는 모습을 보이거나 어떤 코스를 포기하는 모습을 보일 목적으로 고안한 온갖 종류의 테스트 앞에서 환자에게 약점이나 인간의 슬픈 운명을 바꾸는 것은 불가능하다는 식으로 거듭 언급하는 것이 필요한 것으로 확인된다. 환자가 주저하는 모습을 지켜보고 있으면 마치 무대 공포증의 복잡한 예를 보는 듯하다.

이런 경우에 의사는 그 상황의 어려움 앞에서 자신이 받은 인상을 지나치게 강조하지 않도록 최대한 조심해야 한다. 왜냐하면 우울증 유형의 사람이 공포를 느끼도록 하면서 그 사람의 광적인 생각들을 "치료 불가능한 것"으로 만들고 있는 것이 지능이나 논리의 결여가 아니라 욕구의 결여, 다시 말하면 논리를 적용하지 않으려는 조직적인 의지이기 때문이다.

만일 환자가 비논리적인 방법으로만, 그리고 조증을 통해서만 자신의 목표에 가까이 다가서면서 자신의 인격 의식을 강화할 수 있다면, 그 사람은 비논리적으로 느끼고 심지어 비논리적으로 행동할 것이다. 따라서 그의 조증을 간섭하려 드는 모든 사람은 그에게 적으로 보이며, 당연히 그는 의료적인 모든 조치와 설득 노력을 자신의 위치를 위협하는 행위로 여길 것이다.

7. 우울증 유형의 기이한 특징 하나는 이 유형이 예전에 미리 준비한 것을 지속적으로 동원함으로써 그 병을 확고히 정착시키고 또 자신의 약점에 대해 자유롭게 언급함으로써 주변 사람들로부터 쓸데없는 도움과 걱정을 지속적으로 끌어낸다는 점이다. 우울증이 나타난 뒤로 외부의 어떠한 달램도 쓸모없어지는 것은 환자의 논리적 추론이 부족해서가 아니라 주변 사람들에게 최대한 충격을 안김으로써 그들의 행동을 제한하고 그들의 기대를 앗아버리겠다는 환자의 완강한 목적 때문에 저절로 나타나는 현상이다.

환자가 자신의 우월을 과시한 데 따른 만족을 즐기게 되기만 하면, 그때까지 환자의 내면에 남아 있는 삶에 대한 확신이 어느 정도이냐에 따라서 치료가 시작될 수 있을 것이다. 이때 의사가 환자에게 자신이 상급자라는 인상을 전혀 주지 않고 또 자신이 언제나 옳고자 하는 욕망을 드러내지 않는 가운데서 환자와 진정한 연결을 확보할 수 있다면, 긍정적인 결과도 나올 것이다.

우울증을 유발하는 고리를 언제 끊을 수 있을 것인지를 예측하는 것은 우는 아이가 울음을 멈출 때를 예측하는 것만큼이나 어려운 일이다. 절망적인 상황, 어린 시절부터 이어져온, 삶에 대한 관심의 부족, 분개, 주변 사람들의 관심 결여 등은 환자로 하여금 자신에게 가해진 온갖 '부당한' 행위에 대한 극단적인 보복으로 자살을 시도하도록 할 수도 있다.

다른 사람들에겐 아무런 문제가 되지 않을 일로도 곧잘 고민에 빠지는 이 유형은 실패와 불안, 경쟁 등에 대한 두려움 또는 사회나 가족을 더 이상 다루지 못할 것 같다는 생각 앞에서도 쉽게 자신의 파멸을 예상한다. 이 같은 자기 몰두에서 생겨나는 우울한 관점은 신체 기관들의 기능이 더욱 나빠지도록 만드는 원인이 된다. 이는 우울한 관점이 깨어 있을 때나 꿈속에서나 똑같이 그 목적을 단호히 성취하는 탓에 환자의 전체 생체에 영향을 강하게 미치기 때문이다.

조심스럽게 접근하면, 신체 기관들의 기능들, 다시 말해 환자의 태도와 수면, 근육의 강도, 심장 작동, 장의 증상 등을 징후의 측면에서 관찰하는 것도 가능하다. 심리학적 연결을 고려하면, 스위스 생리학자 에밀 압더할덴(Emil Abderhalden)이 정신증에서 이룬 발견들에 대한 병인학적 해석이 설득력을 잃는다. 개인 심리학의 관점에서 보면, 압더할덴의 발견들은 단순히 유전적으로 내려오는 신체적 열등이 정신증으로 나타난 것에 지나지 않는다. 특히 개인 심리학자들은 신체기관의 열등이 병인학적으로 의미 있는 유아기 열등감의 한 중요한 바탕이 될 수 있다는 사실을 강조해야 한다.

8. 따라서 신체 기관이 심리의 영향을 받을 수 있다는 점에서 보면, 신체 기관들은 우울증 유형 사람의 목표에도 영향을 받고, 또 전체 상황의 필요에 따라 기능을 조정하고, 그리하여 의학에서 말하는 우울증의 특징(심장, 몸가짐, 식욕, 대소변, 사고의 경향)을 정착시키는 역할도 하게 된다. 신체 기관들은 자극을 따르게 되어 있다는 점에서 보면 우울한 분위기에 빠지게 되어 있다. 혹은 기능은 정상에 가까운 상태로 남아 있는데도 환자가 기능에 병이 일어났다고 느끼면서 불평할 수도 있다. 이따금 환자가 아무런 의미 없는 행동(수면 장애, 대소변을 보는 횟수의 증가)을 통해 짜증나는 상황과 장애를 일으키기도 한다.

9. 음식을 섭취하는 행위뿐만 아니라 대소변을 보는 행위에서도, 환자는 스스로 유발한 일련의 장애들을 종종 보인다. 그러다 보면 그런 장애를 체계적으로 일으키면서도 자기비판을 충분히 하지 않는 단계에 이르게 된다. 환자가 자신의 육체적 기능에 대해 끊임없이 언급하면서 장기의 기능이 떨어진다는 식으로 엉터리 판단을 내리는 것뿐만 아니라 앞에 말한 징후들도 자신의 병을 뒷받침할 증거를 얻고자 하는 환자의 목적을 암시한다.

10. 음식 섭취는 혐오감이나 불안한 의심(독물)을 암시하는 생각을 떠올리는 것으로 제약을 받을 수 있다. 음식 섭취 행위도 다른 기능들과 마찬가지로 어떤 목적을 추구하는 우울증 환자의 자기몰두("마치 어떤 것도 아무 소용이 없다는 듯, 마치 모든 것이 불행하게 끝나게 되어 있다는 듯")의 영향을 받게 되어 있다.

수면은 강박적으로 생각에 빠져들거나 불면에 대한 생각 때문에 방해를 받을 수 있다. 대소변 기능도 각 기관에 염증이 생기게 할 조건을 만들거나 지속적으로 대소변을 보기를 원하는 심리 때문에 병을 일으킬 수 있다. 심장 활동과 호흡, 병적인 태도, 눈물샘도 이따금 절망적인 상황에 몰두하는 우울증 유형이 지어내는 픽션의 영향을 받는다.

11. 개인 심리학의 종합적인 접근 방식을 통해야만 가능한 일이지만, 우울증 유형을 보다 깊이 들여다보면, 우울한 태도가 어떤 상태를 정확히 그린 그림임과 동시에 공격용 무기라는 사실이 확인된다. 아주 일찍부터 나타난 사회적 활동의 결여가 그런 공격적인 태도를 낳으며, 이 같은 태도는 자살과 비슷하게 환자의 자아가 입은 상처에서 시작해 주변 사람들을 협박하는 행위 또는 보복 행위로 악화된다.

이 같은 행위에 예상되는 감정은, 언제나 보복 행위의 하나인 자살에서 분명하게 드러난다.

12. 환자 본인의 중요성에 대한 간접적 언급이 절대로 빠지지 않는다. 타인들에게 환자를 돕고 환자에게 복종할 것을 요구하는 태도에 환자 본인의 우월을 중요하게 여기는 심리가 잘 표현되고 있다. 타인들의 잘못을 강조하는 태도도 마찬가지로 언제나 보이기 때문에, 우울한 태도는 환자의 허구적인 우월과 무책임을 보장해 준다. 잘못이 타인에게 있다는 점을 강조할 때, 우울증에 편집증적인 특징이 스며들게 된다.

13. 환자의 동료는 환자의 인격 의식을 강화하는 수단으로만 이용된다(우울증 환자는 친구의 우정과 깊은 관심을 자신의 병만큼이나 잘 활용한다). 그러기에 우울증 유형의 사람은 자신이 타인에게 횡포를 휘두를 수 있는 범위가 무한하다고 느끼고, 타인들로부터 모든 희망을 박탈하고, 그러다 나중에 타인들의 요구로부터 벗어나겠다는 목표를 포기해야 하는 상황에 처하게 되면 자살을 생각하거나 감행할 것이다.

14. 달리 말하면, 우울증의 폭발은 곧 우울증 유형의 개인들이 자신의 위치가 위협받을 때마다 추구하는 이상적인 상황이 어떤 것인지를 보여준다. 그럼에도, 환자가 그 상황을 즐기지 않는 이유는 뭘까, 하는 질문은 불필요하다. 사실을 말하자면, 우울증이 다른 기분이 일어나는 것을 허용하지 않는다. 우울증 환자가 추구하는 목표가 곧 성공이기 때문에, 환자의 강박적인 태도인 우울을 간섭할 즐거운 감정이 들어설 자리가 전혀 없다.

15. 환자가 어떤 식으로든 상상 속에서 우월을 성취했다는 감정을 느끼고 병의 증거를 제시함으로써 일어날지도 모르는 불행으로부터 보호받을 수 있다는 느낌이 들자마자, 우울증은 사라진다.

16. 우울증에 쉽게 걸리는 사람들의 특징 하나는 어린 시절부터 사회를 불신하고 비판하는 태도를 보인다는 점이다. 우울증 환자가 사회를 불신하고 비판하는 태도에서도, 개인 심리학자들은 환자의 열등감을 확인한다. 또 우울증 환자가 정반대의 뜻으로 하는 말에서도, 개인 심리학자들은 환자가 말과 달리 우월을 교묘하게

추구하는 노력을 파악한다.

편집증

1. 활동이나 삶의 노선이 어느 정도 상승 곡선을 그리다가 본인이나 주변 사람들의 기대에 미치지 못하는 지점에서 정지해 버린 사람들이 편집증에 잘 걸린다. 이런 처지에 있는 사람들은 상상 속에서 스스로 만들어낸 어려움을 극복하려는 노력을 지적으로 또 능동적으로 벌이면서 삶에서 예상되는 패배를 감추거나 정당화하거나 무한정 지연시킬 변명거리를 무의식적으로 확보하게 된다.

2. 집단적인 문제에서나 개인적인 문제에서나 똑같이 나타날 수 있는 이런 태도, 즉 미래에 있을 삶의 패배를 감추거나 지연시키려드는 태도는 어린 시절 초기부터 현실의 대단히 심각한 장애에 맞서 준비되고, 시험되고, 무디어지고, 보호된다. 그래서 편집증 계통의 병은 다른 정신증에 비해 조직적인 특징을 훨씬 더 많이 갖고 있으며, 또 시작 단계에서부터 호의적인 환경에서만 효과가 나타날 수 있다. 편집증을 앓는 경우에 공동체 감정이나 공동체 감정의 기능, 현실의 "보편타당한" 논리가 완전히 파괴되지는 않는다.

3. 이런 태도를 갖게 하는 전제들 중 하나가 바로 삶에 대한 깊은 불만의 감정인 것 같다. 그런데 삶이 변화 불가능한 것처럼 느껴진다. 따라서 이 불만 앞에서 환자는 자존심이나 자의식에 상처를 입

지 않기 위해 자신이 성공하지 못하고 있다는 사실을 자기 자신과 타인들에게 숨긴다.

4. 이 같은 작용 때문에 대체로 편집증은 비교적 늦게 나타난다. 따라서 광적인 생각도 마찬가지로 외적으로 다소 성숙한 유형의 특징을 띠게 된다. 그래도 이 작용은 환자의 내면에서 언제나 일어나고 있으며 또 지각될 수 있다. 대체로 환자는 호전적인 유형이며, 심리적 장치들의 성격상 우월 목표를 추구하게 되어 있다.

5. 이 작용의 목표는 우월 이상을 성취하는 것이다. 그렇기 때문에 이 작용이 발달하는 과정에 자동적으로 환자가 동료들에게 비판적이고 적대적인 태도를 갖게 되어 있다. 최종적으로 보면 이 태도는 인간성을 발휘하지 않는 것으로 의심되는 타인들과 영향, 상황들에 반대하는 모습을 보인다.

이런 식으로, 환자가 지나치게 높이 설정했다가 성공하지 못한 계획에 대한 책임이 타인들에게 돌려진다. 편집증에서 우월한 목표를 예상하는 것(과대망상증)은 또한 환자가 우월감을 확고히 추구하도록 하고 또 환자가 부차적인 활동 영역을 창조해냄으로써 사회에서 실패에 대한 책임을 피할 수 있는 길을 열어준다.

6. 편집증 환자의 태도에서 동료들에 대한 적대적인 태도가 확인되며, 이 태도는 어린 시절 초기로까지 거슬러 올라간다. 이 태도는 모든 분야에서 우월을 확보하려는 능동적인 노력에서 저절로 생겨나며, 이 같은 보편적 우월은 환자가 자신은 특별히 고려되어야 하는 대상이라는 생각이나 피해망상, 과대망상으로 나타난다. 세 가

지 상황 모두에서 환자는 자신을 환경의 중심에 놓고 있다.

7. 따라서 경계선 상의 병으로만 여겨질 수 있는 순수한 형태의 망상증 환자에게도 언제나 위로 향하려는 경향이 나타나며, 이 경향은 조증적 방어 기제의 발생에 의해 정지된다. 이 말은 삶에 대한 두려움과 삶의 요구가 아주 커 보이는 까닭에 비교적 일찍 나타나는 정신분열증에도 그대로 통한다. 경계선 상에서, 순환기질장애(循環氣質障碍)와 히스테리성 의지상실, 우울증 형태의 신경쇠약, 갈등 신경증 등이 발견된다. 역학적으로 보면, 심인성 경련의 행태, 예를 들어 만성 알코올 중독과 모르핀 중독, 코카인 중독 등은 앞의 증상과 아주 비슷한 점을 보여준다.

8. 정신질환에 나타나는 기복을 유심히 관찰하면, 고조될 때나 가라앉을 때나 똑같이 적의를 품은 호전적인 특징이 분명히 확인되는데, 이 특징이 종종 자살로 이어진다. 정말로, 정신증은 스스로 사회의 요구나 자신의 목표에 부응하지 못한다고 생각하는 개인의 지적 자살로 여겨질 수 있다. 환자가 의기소침한 모습을 보일 때, 그때는 은밀한 어떤 원격 작용(遠隔作用) 같은 것이, 현실에 대한 적대감 같은 것이 관찰된다. 반면에 환자의 들뜬 모습은 내면의 약함을 암시한다.

9. 편집증 환자의 자기평가는 스스로를 신격화할 만큼 강화된다. 이 같은 자기평가는 보상작용을 필요로 하는 열등감에 바탕을 두고 있다. 그럼에도 사회의 요구를 충족시킬 수 있다는 생각을 재빨리 부정하거나, 계획을 포기하거나, 타인에 대한 비난을 계속하는

데서 편집증 환자의 허약이 그대로 드러난다.

편집증 환자는 자기 자신에 대한 믿음이 부족하다. 환자 자신에 대한 불신과 인간에 대한 믿음의 결여, 그리고 다른 사람들의 지식과 능력에 대한 믿음의 결여는 환자로 하여금 우주 발생적이거나 종교적인 지배의 개념을 고안하도록 만든다. 이 공상들은 편집증 환자가 나름으로 균형을 잡고 안정감을 추가로 얻는 데 필요하다.

10. 편집증 환자의 이런 생각들은 바로잡기가 대단히 어렵다. 왜냐하면 환자가 자신의 관점을 확립하고, 자신이 성공을 거두지 못하는 것이 자신의 책임이 아니라는 점을 내세우고, 사회 활동을 중단하려면 그런 특별한 형식의 생각이 필요하기 때문이다. 이 생각들은 동시에 환자가 테스트를 거칠 필요 없이 우월 픽션을 그대로 고수하도록 만든다. 이유는 환자가 자신의 잘못에 대한 탓을 언제나 다른 사람들의 적대감으로 돌릴 수 있기 때문이다.

11. 우울증 환자의 수동성이 타인들이 스스로 환자에게 복종하도록 만드는 하나의 원격 작용이라면, 편집증 환자의 능동적인 공상의 목적은 반대로 시간을 많이 잡아먹는 어떤 일에 몰두함으로써 자신이 성공을 거두지 못하는 데 대한 책임으로부터 놓여날 변명을 끌어내는 데에 있다.

12. 이와 반대로, 우울증은 적어도 외양적으로는 외부 환경보다 타인의 잘못에 바탕을 두고 있다.

13. 편집증이 일어나는 때는 환자가 스스로 위험한 상황에 처해 있다고 느낄 때이다. 여기서 말하는 위험한 상황이란 환자가 사회

적 지위에 대한 자신의 요구가 완전히 거부당했다고 느끼는 때를 뜻한다. 편집증은 대체로 어떤 일을 앞둔 전날 밤이거나 일을 수행하는 도중, 아니면 옛 시대의 소멸이나 도래가 예상되는 시점에 잘 일어난다.

14. 최종적 상황은 예비적인 조증 메커니즘이 발동한 결과 나타나며, 이 메커니즘이 작동하면 환자의 책임감이 파괴된다. 그러나 환자가 자신의 존재에 대해 중요하다고 느끼는 감정은 피해망상이나 과대망상과의 동일시를 통해 더욱 커진다. 이 메커니즘은 환자가 자신의 가치 하락을 예상하면서 그 보상작용으로 "남성성 항의"를 발달시키게 한다.

15. 광적인 생각들의 구성은 거꾸로 어린 시절까지 거슬러 올라갈 수 있다. 이 생각들은 유치한 형식을 보이면서 창피를 당한 상황에 관한 공상과 연결된다.

16. 편집증적인 태도는 영혼과 육체 둘 다를 조증 체계에 적절하도록 만든다. 환자의 틀에 박은 표현과 태도, 행동은 환자의 삶을 안내하는 생각과 연결되어 있으며 편집증과 정신분열증에서 자주 발견된다.

17. 우울증의 특징은 종종 편집증의 특징과 밀접히 연결되어 있다. 특히 수면 장애에 대한 불평과 불충분한 영양 공급은 더욱 심화될 경우에 학대와 독(毒), 과대망상에 관한 생각으로 발전하는 경향을 보인다.

18. 환각은 환자가 역할에 몰두하는 것과 관련있으며, 격려나 경

고의 성격을 지닌 훈계로 여겨질 수 있다. 환자의 의지가 최종적인 것임에도 환자가 그에 대해 책임을 지지 않으려 할 때마다, 환각이 일어난다. 이 훈계는 꿈과 비슷한 것으로 보면 되고 굳이 환자에게 이해되어야 하는 것은 아니지만, 환자가 구체적인 어떤 문제에서 취하길 원하는 방침을 특징적으로 표현하고 있다.

따라서 환각과 꿈은 똑같이 그런 주관적인 충동을 객관화하려는 장치인 것으로 드러난다. 그런데 환자는 겉으로 객관적인 것처럼 보이는 이 환각을 무조건적으로 받아들인다. 책임을 지지 않으려는 무의식적 태도가 워낙 강하기 때문에 의지가 제대로 작동하지 않게 되며, 따라서 환각 속의 이상한 얼굴들과 훈계들이 환자의 의지를 대신하게 된다.

19. 여기에다가, 어떤 의도를 갖고 회상을 선택하는 방법을 통해 조증 체계를 고착시키려 드는 경향을 더해야 한다. 개인 심리학의 견해에서 보면, 목표 설정의 본질 때문에 조증 체계를 고착시키려는 경향은 어쩌면 꽤 당연하다. (이 목표는 현실로부터 철수하는 것이다. 말하자면, 환자 자신이 책임을 지지 않고 다른 사람들의 책임으로 돌림으로써 자신의 개인적 붕괴를 덮는 것이 환자의 목표인 것이다.)

20. 정상적인 인간 존재들이 용기를 잃고, 예민한 성격의 소유자들이 자살을 감행하거나 타인들에게 불평을 쏟아내고, 공격적인 유형의 사람들이 소심하게도 삶의 요구들을 피함으로써 범죄나 알코올로 눈을 돌릴 때, 바로 그런 때에 편집증이 나타난다. 사회에

적응할 준비를 제대로 갖춘 사람들만이 심리적 균형 상태를 유지할 수 있다. 이따금 의사들은 앞에 나열한 경향들이 서로 결합하는 모습을 보이는 환자들을 만난다.

21. 편집증 경향을 가진 개인이 오직 정복만을 위해 안간힘을 쏟다 보면, 그 사람은 주변 사람들에게 적으로 여겨지지 않을 수 없게 된다. 신경증과 정신증으로 힘들어하는 모든 사람들의 경우와 마찬가지로, 편집증 환자에게도 동료들을 진정으로 선하게 대하려는 감정이 없다. 이런 사람은 신뢰할 수 있는 상태에서 사회생활에 임할 수 없으며 정상적인 인간관계(사랑, 우정, 직업, 모임 등)를 절대로 형성하지 못한다.

이런 비정상적인 태도는 자기 자신을 낮게 평가하는 한편 삶의 역경을 과대하게 평가하는 데서 비롯된다. 사람이 신경증과 정신증을 일으키도록 하는 것이 바로 이런 비정상적인 태도이다. 사회를 대하는 적대적인 태도는 절대로 유전적으로 물려받거나 근절 불가능한 것이 아니며 단지 극단적인 표현 수단에 지나지 않는다.

22. 환자 본인이 불가피한 붕괴가 일어날 것이라는 점에 대해 의심을 품게 될 때, 드물게 편집증이 사라진다. 그러나 자기 자신에 대한 터무니없는 과대평가는 초기에 바로잡아질 수 있으며, 그런 경우엔 편집증이 치유될 것이다.

23. 편집증 경향을 가진 사람의 태도는 이미 어린 시절에 그런 기미를 뚜렷이 보인다. 대체로 이런 사람들은 어린 시절에 문제 앞에서 쉽게 멈추곤 했다. 편집증 환자가 살아온 길을 되짚어보면, 발달

단계에 이상한 단절 같은 것이 자주 확인된다. 발달을 지연시킨 모든 모험(잦은 전직(轉職)이나 방랑 포함)은 사실 편집증 경향을 가진 사람의 내면에서 작용하고 있는, '시간을 벌기 위해선 시간을 낭비해야 한다'는 식의 강압적인 요구를 따르는 것이다.

편집증 경향을 가진 사람의 삶에는 주변 사람들을 지배하려는 욕구, 힘든 것을 참지 못하는 무능력, 공감 능력의 부족, 사랑 관계의 부재 혹은 소수의 유순한 사람들만을 선택하는 행태가 자주 보인다. 편집증 환자는 불만이 많고 터무니없을 만큼 비판적인 성격을 갖고 있다.

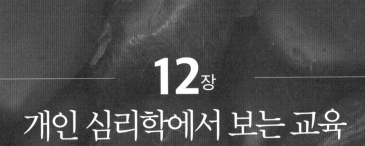

12장
개인 심리학에서 보는 교육

신경 전문가의 치료라는 관점에서 보면, 교육 문제를 완벽하게 이해하는 것이 대단히 중요하고 또 모든 의사들이 교육 문제를 어느 정도 통달할 필요가 있다는 점이 더욱 분명하게 드러난다. 특히 의사는 인간에 대한 지식이 해박해야 한다.

너무나 당연한 일이다. 만일 의사가 인간에 대한 지식이나 교육 방법에 대한 지식을 제대로 갖추지 않고 있다면, 의사와 환자의 관계 같은 결정적인 문제가 언제나 위기를 맞게 된다는 사실을 우리 모두 잘 알고 있다. "의사들은 종국적으로 인간의 교육자가 될 것"이라고 한, 독일 병리학자 루돌프 피르호(Rudolf Virchow)의 말도 의사의 역할을 이런 식으로 해석하려는 태도에서 나온 것이었다.

우리 시대에 들어와서 절실해졌고 가까운 미래엔 더욱더 절실해질 한 가지 문제는 의사와 교육자의 상대적 영역과 관계있다. 이 영역들과 연결된 문제들의 전체 범위와 관련해서 의견의 일치를 이루고, 그 영역들을 조감도로 그려내는 것이 아주 중요하다. 의사와 교육자의 영역이 서로 중복되는데도, 둘 사이에 협력적인 노력은 현재 거의 전무한 실정이다.

교육이 추구하는 목표들에 대해 묻는다면, 중요한 목표들은 거의 틀림없이 의사의 영역에 속할 것이다. 어린이들에 대한 교육은 모든 의사들에게 너무도 자명한 삶의 전제조건으로 받아들여지고 있다. 아이들이 윤리적 원칙을 바탕으로 행동하는 개인이 되도록 하고, 공동체의 선(善)을 위해 미덕을 발휘하도록 하는 것이 교육의 목적이니, 너무나 당연한 인식이라고 할 수 있다.

그렇다면 의사의 모든 행동과 조치, 움직임은 이 목적과 일치해야 한다는 요구는 아주 정당할 것이다. 교육의 직접적 방향은 언제나 교육자와 선생, 부모의 손에 달려 있을 것이다. 그러나 교육자와 선생과 부모는 의사만이 진정으로 닿을 수 있는 깊은 문제와 어려움까지 다루고 있을 것이다. 여기서 의사만이 깊이 파고들 수 있는 문제나 어려움이 있다고 하는 이유는 의사가 밖에서부터 정신생활의 병적인 상호관계들을 파악해 들어가면서 뿌리를 캐내야 할 문제가 분명히 있기 때문이다.

교육 문제처럼 광범위한 문제를 짧은 시간에 논하는 것은 불가능한 일이지만, 그럼에도 불구하고 개인 심리학이 근본적으로 중요하다고 주장하는 관점들을 알아놓는 것은 중요하다.

의사가 교육 문제에 눈을 돌리도록 만드는 것은 정신 건강과 육체 건강의 관계이다. 흔히 말하는 구호, 즉 건강한 신체에 건강한 정신이 깃든다는 구호가 실제와 맞지 않는 측면이 있음에도 말이다. 육체적으로 건강한 아이들과 어른들 중에 정신 상태가 결코 건강하지 않은 사람이 많다. 그래도 허약한 체질의 아이가 육체적으로 정상적인 아이들에게 기대되는 그런 조화를 성취하는 것은 불가능하진 않아도 대단히 어려운 것이 사실이다.

소화기 계통이 온전치 못한 상태로 태어난 아이를 예로 들어보자. 태어난 첫날부터 아이는 주위의 우려 속에 지극 정성으로 보살핌을 받게 될 것이다. 따라서 그런 아이들은 특별히 애정 넘치는 환경에서 성장할 것이다. 그런 아이들은 자신이 언제나 보호받고 있다는 사실을 깨달을 것이고, 그 아이들의 행동은 무수한 명령과 금지를 따르게 될 것이다.

특히 음식의 중요성이 과장될 것이다. 그러면 아이들은 영양과 소화 문제를 소중히 여길 것이고 심지어 과도하게 평가할 것이다. 소화기 문제를 안고 있는 아이들의 교육을 방해하는 것은 바로 소화기 문제를 가진 아이들 본인이다. 이것은 경험 많은 의사들이 이미 잘 알고 있는 사실이다.

이런 아이들이 신경과민을 보이기 쉽다는 주장도 제기되고 있다. 그러나 그런 충동이 정말로 존재하는지 여부는 확실하지 않다. 그러나 삶의 "비우호적인" 성격이 염세적인 세계관을 키우게 하고 고통을 겪는 아이들의 영혼을 더욱 무겁게 짓누르는 것은 사실이다.

이런 아이들은 자신의 결핍을 의식하면서 자신의 중요성을 보증해 줄 것을 더욱 강력히 요구하고, 이기적으로 변하고, 동료들과의 접촉을 쉽게 끊는다. 이 아이들이 자아를 발견함에 따라 환경을 다소 적대적인 요소로 느끼게 되기 때문이다.

아이는 주변 환경과의 관계, 학교를 대하는 태도, 약한 위장 때문에 생기는 불편 등 여러 가지 사실 때문에 자신이 아프다는 점을 입증하면 많은 것을 누릴 수 있겠다는 유혹에 빠지게 된다. 예를 들어, 아이는 버릇없이 크고 싶어 하는 경향을 발달시킬 수 있고 또 아주 어릴 때부터 다른 사람들이 자신을 대신해서 어려운 문제를 해결해주도록 유도할 수 있다. 왜냐하면 아이가 자립적으로 성장하는 것이 훨씬 더 어려운 일이라는 것을 알고 인생의 모든 위험한 상황에서 추가적인 노력을 기울이길 거부할 것이기 때문이다.

이런 식으로 자라는 아이의 용기와 자신감은 틀림없이 그 바탕부터 깨어져 있을 것이다. 이런 태도는 나이가 들어서까지 이어질 것이며, 10년이나 15년 혹은 20년 동안 주위의 모든 사람들에게 버릇없이 굴며 산 사람이 우리 시대가 요구하는 바와 같이 독창력과 모험심, 자신감을 갖춘 용기 있는 어른으로 성장하는 것은 절대로 쉬운 일이 아니다.

그런 사람 때문에 공동체가 입는 피해는 당연히 앞의 관점에서 생각하는 것보다 훨씬 더 심각하다. 왜냐하면 위장이 약한 아이들만 아니라 열등한 신체 기관을 갖고 태어난 모든 사람들까지, 예를 들면 감각기관에 결함이 있어서 삶에 접근하는 일 자체가 힘든 사람들까지 모두 고려해야 하기 때문이다. 우리는 유명 인물들이 쓴 전기나 환자의 말을 통해서 그런 어려움을 종종 확인한다. 그런 환자들을 대할 때, 의사는 징신적 교육 문제뿐만 아니라 그 결힘까지 바로잡을 수 있는 치료법을 적용해야 한다. 그러면 아이는 초기 단계에서부터 자신의 약함에 의지하려는 버릇을 키우지 않게 될 것이다.

의사들이 이 모든 과정에 더욱 열정적으로 임하려면 다음과 같은 마음 자세가 필요할 것 같다. 의사들에겐 영원한 결점을 치료하거나 크고 작은 어려움을 해결하는 것보다 더 중요한 것이 있다. 신체적으로 약하게 태어난 부분을 훗날 바로잡더라도 허약하다는 감정은 계속 남아서 그 개인이 삶에 제대로 적응하지 못하도록 만든다는 사실을 명심하는 것이 아주 중요한 것이다.

이런 조건은 대단히 복잡해진다. 아이들이 자신의 상황을 보완하고 바로잡으려는 노력을 나름대로 열심히 벌이기 때문이다. 그럼에도 보완이나 교정에 성공하는 아이는 소수이며, 이 아이들 대부분은 이런저런 방식으로 자신들과 건강한 아이들 사이에 존재하는 차이를 없애려고 노력하고, 문화적인 방법에 의존하거나 아니면 독창력이나 정신적 능력을 강화함으로써 자신의 결점을 보충하려고 노력한다.

이런 어린 환자들을 보면, 언제나 갈등을 낳게 되는 신경과민 같은 장애를 일으킬 성격적 특징들이 확인된다. 어린이 환자를 치료하는 의사들은 가만 내버려 두면 정신이나 육체에 상처를 남길 그런 일상의 징후를 치료하는 존재라는 사실을 망각해서는 안 된다.

아이의 영혼을 짓누르는 절망과 긴장이 얼마나 해로운지에 대해서는 아무리 강조해도 지나치지 않다. 질병과 질병에 대한 생각은 아이에게 어른이 일반적으로 상상하는 것보다 훨씬 더 큰 의미를 지닌다. 아이의 정신세계를 이런 각도에서 조사하고자 하는 사람은 곧 육체적 결함이나 질병이 아이에겐 대단히 중요한 경험이라는 사실을 발견하게 될 것이다. 또 대부분의 아이들의 경우에 질병이 어려움을 가중시키는 것이 아니라 어려움을 경감시키는 것으로 보인다는 사실도 확인될 것이다. 대부분의 아이들에겐 병이 집에서나 학교에서 관심이나 권력, 어떤 특혜를 얻을 수 있는 수단으로 여겨지는 것이다.

자신이 늘 아프거나 약하다고 느끼고 있는 아이들이 아주 많다. 이런 아이들의 경우에 징후들이 지속적으로 나타나는 것은 의학적으로는 절대로 설명되지 않는다. 아이들이 가족 안에서 자신을 두드러지게 만들거나 지배 욕구나 중요한 존재가 되겠다는 욕구를 채우기 위해 아프다는 느낌을 이용하고 있는 것이다.

예를 들어, 백일해를 앓은 아이들은 병이 낫고 한참 지나서까지도 일부러 기침을 하려고 애를 쓴다. 이런 경우에 아이들은 기침을 함으로써 가족들을 놀라게 만드는 데 성공한다. 이는 의사가 교육학적 능력을 갖춰야 한다는 점을 보여주는 한 예이다.

한편, 이와 반대되는 견해를 가진 부모와 교육자들도 있다. 이들은 아이들을 엄하게, 심지어 잔혹하게 다루거나 아이들에게 엄격하다는 인상을 주려고 노력한다.

삶은 너무나 다양하기 때문에 교육자의 실수까지도 보완한다. 그럼에도 불구하고, 어린 시절을 사랑이 없는 환경에서 보낸 사람은 나이가 들어서까지도 그런 환경에서 성장했음을 암시하는 흔적들을 많이 보인다. 그런 사람은 언제나 사람들이 자신을 불친절하게 대하려는 것이 아닌가 하는 식으로 의심하거나 타인들을 차단하며 인간관계를 끊기도 한다. 그런 사람은 종종 자신이 사랑을 받지 못한 가운데 어린 시절을 보냈다고 털어놓는다. 마치 어린 시절이 자신에게 강제력을 행사한 것처럼.

부모가 엄격하다고 해서, 아이가 불신을 키우는 것은 절대로 아니다. 또 다른 사람들이 아이를 냉담하게 대했다고 해서 아이가 반드시 냉담한 성격을 발달시키는 것도 아니며, 그런 이유로 아이가 자신에 대한 불신을 키우는 것도 아니다.

그러나 그런 토양에서 신경증과 정신증이 발달할 위험이 높아지는 것은 사실이다. 또 그런 환경에서, 이해력이 부족해서거나 혹은 사악한 의도를 갖고 아이의 영혼에 독을 주입하는 그런 개인이 나올 가능성도 크다. 그런 경우라면 의사 외에는 어느 누구도 아이의 주거지를 바꾸거나 설명을 통해 아이의 환경을 제대로 바꿔나가지 못할 것이다.

그러나 개인에 대한 깊은 이해를 통해서만 발견될 수 있는 그런 요인도 있다. 이 요인들은 발견되기만 하면 그 개인에 대한 그림의 완성도를 크게 높여줄 것이다.

예를 들어, 첫째 아이의 정신적 발달과 둘째 아이나 셋째 아이의 정신적 발달 사이에 아주 근본적인 차이가 있다. 외동의 개성도 마찬가지로 특징적인 요소를 갖고 있다. 아들만 있거나 딸만 있는 가족, 또는 아들이 여럿이고 딸이 하나이거나 딸이 여럿이고 아들이 하나인 가족 안에서 일어나는 구성원들 사이의 정신적 작용은 서로 많이 다르다. 아이들이 태도를 발달시키는 출발점은 바로 그런 사실들이다.

아이의 행동만을 보고도 그 아이가 집안에서 맏이인지 막내인지를 구분하는 것이 종종 가능하다. 나는 맏이들은 보수적인 성향을 어느 정도 갖고 있다는 사실을 언제나 확인한다. 맏이는 언제나 권력의 요소를 고려하고 무엇이든 권력을 바탕으로 이해하려 들고 어느 정도의 사회성을 보인다.

독일 소설가이며 시인인 테오도르 폰타네(Theodor Fontane)의 전기를 바탕으로 이를 비교해 보자. 거기 보면 폰타네가 자신이 늘 강자의 편에 서는 이유에 대해 명쾌하게 설명해주는 사람이 있으면 대단히 고맙게 생각할 것이라고 말하는 대목이 있다. 나는 이 같은 사실을 바탕으로 그가 다른 형제자매들에 대한 지배를 자신의 침범 불가능한 권리로 보았던 맏이임에 틀림없다고 추론했다.

둘째 아이는 언제나 자기 앞과 뒤에 자기보다 더 잘 하고 더 중요한 누군가를, 일반적으로 행동의 자유를 더 많이 누리고 더 탁월한 누군가를 두고 있다. 만일 둘째 아이가 발달이라도 이룬다면, 이 아이는 틀림없이 자기보다 나이 많은 형제를 능가하기 위해 지속적으로 노력해야 하는 상황에서 살 것이다. 이 아이는 전속력을 올리고 있는 것처럼 쉬지 않고 일할 것이다. 가만히 있지 못하는 신경증 환자들을 보면, 둘째로 태어난 사람들이 월등히 많다.

막내들 사이에선, 어린애 같은 특성이나 망설이고 주저하는 모습이 자주 보인다. 그런 사람들을 보고 있으면 마치 자신은 다른 사람들이 다 하는 일도 못한다는 식으로 자신을 믿지 않는 것이 아닌가 하는 생각이 든다. 막내는 언제나 자기보다 더 많은 것을 할 수 있는 사람들로 둘러싸인 채 지내며 자기보다 더 중요한 사람들만을 만난다.

그런 한편, 막내는 대체로 주위 환경의 사랑과 보살핌을 독차지하면서도 자신은 그 대가로 아무것도 내놓지 않는다. 그는 자신의 권력을 키울 필요성을 전혀 느끼지 않는다. 왜냐하면 가만있어도 자신이 환경의 중심으로 자동적으로 들어가기 때문이다. 이런 사실이 막내의 정신적 발달에 미칠 피해는 쉽게 이해된다. 막내가 다른 사람들이 자신을 위해서 모든 일을 대신 처리해 줄 것이라고 기대하게 되기 때문이다.

막내의 두 번째 유형은 "요셉 유형"이다. 이런 유형의 막내는 끊임없이 앞으로 나아가면서 정상을 벗어나는 독창력으로 모든 사람을 능가하며 길을 여는 개척자가 된다. 성경에서나 동화에서나 똑같이, 대체로 보면 막내에게 가장 큰 선물이, 예를 들면 마법의 장화 같은 것이 돌아갔다.

아들이 많은 가운데서 자라는 외동딸의 행동도 중요하다. 가족 구성이 이렇게 된 가정에서는 비정상적인 태도가 발달할 수 있는 긴장 상태가 자주 일어난다. 그렇다고 나는 이 대목에서 단정적으로 말하지 않는다. 이 외동딸에겐 아주 어릴 때부터 자신의 본성이 소년의 본성과 완전히 다르고 소년들이 태생적으로 누리는 많은 특권들이 자신에겐 금지된다는 사실이 매우 분명하게 확인된다. 그런 경우엔 칭송이나 응석이 특권의 대체물이 되기가 어렵다. 왜냐하면 지금 개인 심리학자들이 관심을 두고 있는 것은 아이에게 근본적이고 대체 불가능한 무엇인가를 의미하는 정서적 가치들이기 때문이다.

오빠들 틈에서 외동으로 자라는 소녀는 지속적으로 괴롭힘을 당하고, 걸음마다 명령과 지시를 받는다. 그런 아이들에게선 비판에 특별히 민감하게 반응한다는 사실이 자주 발견된다. 또 지속적으로 강한 측면을 보여주고 모든 악으로부터 벗어난 모습을 보여주려는 노력도 확인될 것이다. 또 동시에 자신이 무가치하다는 점이 발각되지 않을까 하는 두려움도 발견될 것이다. 이런 소녀들은 미래에 신경증을 일으킬 원인들을 쌓고 있을 수 있다.

딸이 많은 가운데서 자라는 외동아들도 마찬가지이다. 이 환경에선 대비가 더 두드러진다. 아들은 가족 안에서 대체로 특권을 누린다. 따라서 딸들은 서로 힘을 합해 하나뿐인 아들에게 맞선다. 그런 환경에서 자라는 소년은 종종 음모 때문에 힘들어한다.

외동아들이 뱉는 말은 무엇이든 딸들의 감시 대상이 된다. 외동아들의 훌륭한 자질은 무시당하는 한편, 결점은 부각된다. 그 결과 소년은 종종 자제력과 자신감을 잃으며 대체로 삶에서 비틀거리는 모습을 보이게 된다. 그러면 사람들은 그를 놓고 게으르다는 식으로 흉을 본다.

그러나 이것은 삶에 대한 두려움이나 기질의 병적인 비정상이 겉으로 드러난 것에 지나지 않는다. 여기서 기억해야 할 중요한 사항은 지금 우리가 자기 자신에 대한 믿음을 상실하거나 상실할 위기에 처해 있는 사람을 다루고 있다는 사실이다.

그런 소년들은 습관적으로 행동을 피하고, 조롱당할까 겁을 낸다. 그럴 이유가 전혀 없는 상황에서도 그런 태도를 보인다. 그런 소년들은 곧 진정한 노력을 모두 포기하고, 시간을 죽이는 일에만 몰두하고, 용기를 잃게 될 것이다. 오빠와 여동생이 함께 자라는 가정에서도 이와 똑같은 어려움이 자주 목격된다.

의사가 떠안아야 할 또 다른 과제는 아이들에게 남녀 성별 문제에 대해 설명하는 일이다. 모든 사례들에 두루 적용될 수 있는 단 하나의 대답은 불가능하다. 아이들이 성장하는 환경이나 아이 본인, 그리고 육아실의 상황이 저마다 다 다르기 때문이다.

그럼에도 한 가지 사항은 기억해야 한다. 아이들을 필요 이상으로 오랫동안 남녀 역할에 대해 무지한 상태로 남겨 두면, 그건 아이들에게 매우 불공정한 처사라는 점이다. 그런데 정말 이상하게도 이런 일이 다반사로 일어나고 있다.

열 살이 될 때까지도 자신이 남녀 어느 성에 속하는지 확실히 몰랐다고 털어놓는 환자들이 의외로 많다. 그런 환자들은 발달 과정

내내 자신은 다른 사람들처럼 소년이나 소녀로 태어나지 않았기 때문에 그들처럼 성장하지 않을 것이라는 느낌을 품게 된다. 이런 느낌은 당연히 아이들에게 불확실성의 감정을 안겨주며, 이 불확실성은 그들의 행동에 나타나게 된다.

소녀도 마찬가지다. 여덟 살, 심지어 열네 살까지도 자신이 남자인지 여자인지 확실히 모르는 상태에서 성장하는 소녀들도 있다. 이 소녀들은 그런 가운데 자신이 어쩌면 남자로 바뀔 수도 있을 것이라는 공상에 빠지기도 한다. 이 같은 사실은 이 주제를 다룬 문학작품에도 묘사되고 있다.

이 모든 환자들을 보면, 정상적인 어떤 진화가 간섭을 받고 있다. 이들은 어린 시절 동안에 자신의 성별 역할을 인위적으로 보완하려고 노력하고, 남자처럼 성장하는 방향으로 발달을 꾀하고, 패배로 끝날 수 있는 결정을 피하려 드는 모습을 보이게 된다.

근본적인 성격이 불확실성을 겪고 있다는 것은 소녀들이 과장되거나 허풍스런 행동에 빠져 지낸다는 사실로부터 추론할 수 있다. 소녀들은 남자 같은 태도를 취하고 자신과 주변 사람들에게 소년의 특징으로 비칠 그런 행동을 선호한다. 소녀들은 주위를 돌아다니면서 까불며 놀기를 좋아한다. 이때 일반적으로 아이들에게 허용되는 행동 범위를 벗어나지 않지만 경우에 따라서 그런 행동이 자기 부모의 눈에도 병적인 것으로 느껴질 만큼 지속적으로 일어나기도 한다.

소년들도 마치 야생 동물처럼 소란을 떨지만 자신들이 만나는 장애물을 통해 현실을 배우게 된다. 그러면 소년들은 소란한 행동을 단념하고 망설이듯한 태도를 키우거나 소녀들에게로 관심을 돌린다. 이런 식으로 일깨워진 성적 관심은 비정상적인 모습을 보일 수 있다.

이젠 흔히 반항 행위로 여겨지는 징후들을 보도록 하자. 의사가 병의 징후로 받아들이는, 반항을 암시하는 신호들은 아주 많다. 음식을 먹기를 거부하거나, 배뇨와 연결된 반란도 반항으로 여겨진다. 야뇨증이나 변비도 아이의 뿌리 깊은 반항에 그 원인이 있을 수 있다.

아이들은 환경의 요구에 적응하길 거부하는 데서 만족감을 끌어내고 있다. 환경에 적응하길 거부하는 것이 아이들에겐 마치 자신의 중요성을 보여주는 것처럼 여겨지기 때문이다. 코를 후비거나 침을 질질 흘리거나 손톱을 물어뜯는 것과 같은 나쁜 버릇도 마찬가지이다. 그런 징후 자체는 언제나 열등한 기능 때문에 나타난다.

신경증이나 정신증을 가진 사람을 향상시키거나 치료하기 위해서, 잘못된 구석이 있거나 정신적인 문제를 안고 있는 개인을 주의 깊게 추적하는 것은 물론 유쾌한 일이 아닐 수 있다. 그런 노력 자체가 엄청난 에너지를 요구한다. 그래서 이젠 예방으로 관심을 더 많이 쏟아야 할 때이다.

예방을 강조하는 관점은 이미 널리 받아들여지고 있다. 예를 들어, 개인 심리학은 부모와 의사 둘 다를 대상으로 교육을 실시함으로써 그런 목표를 향해 나아가고 있다. 그러나 특히 용기 상실과 관계있는 신경증과 정신증 환자들이 많다는 점을 고려한다면, 지금보다 더 나은 결과가 절실히 필요하다.

아마 첫 번째 조건은 인간에 대한 지식에서 끌어낸 아이디어들과 개인 심리학을 통해 얻은 교육적 아이디어들을 널리 퍼뜨리고 널리 적용하려는 노력일 것이다. 그러면 모든 사람들이 나름의 방법으로 이 사회를 밝은 방향으로 이끄는 결과를 낳을 것이다. 심리의 비정상적인 발달은 처음에는 아주 사소한 나쁜 버릇처럼 보이지만 가만 내버려두면 신경증과 범죄로 발전할 수 있다.

13장
용기를 잃은 아이들

제1차 세계대전의 결과로 나타난 여러 현상들 중에서 용기를 잃은 아이들의 숫자가 증가한 것보다 더 중요한 것은 없다. 모든 사람이 아이들의 사기 저하를 목격하고 있으며, 많은 사람들이 그 같은 현상을 두려운 눈으로 지켜보고 있다. 공식 통계도 충분히 경각심을 불러일으킬 만하다.

그러나 아이들이 입은 피해 중에서 오직 일부만 우리의 눈에 띄게 된다는 사실을 고려한다면, 그 심각성은 더욱 커진다. 전쟁을 거치면서 용기를 잃은 아이들의 숫자는 공식 통계보다 훨씬 더 많을 게 틀림없다.

이 아이들 중 많은 수는 몇 개월 혹은 몇 년 동안 침묵 속에 살아갈 것이다. 그러다가 많은 아이들이 자기도 모르는 사이에 용기를 잃은 존재가 아니라 범죄자가 되어 있을 것이다. 공식 통계를 보면, 전쟁 후유증으로 인해 용기를 잃은 아이들의 숫자가 정말 크다. 그러나 통계에 잡히지 않는 아이들의 숫자는 더 많을 것이다.

아이들의 용기 상실은 초기 단계에선 대부분 가족의 환경 안에서 일어난다. 용기를 잃은 아이를 지켜보면서, 가족들은 시간이 지나면 나아질 것이라고 기대한다. 아울러 아이들에게 어떤 조치를 취하게 될 것이다.

용기를 잃은 아이들 사이에서, 법이나 미성년 재판소가 직접적으로 처벌할 수 없는 위반이 꽤 많이 일어나고 있다. 아이들의 위반 행위가 가족에게 심각한 피해를 입힐 때조차도 대부분의 행위는 가려지고 있고, 따라서 아이의 본성에 어떠한 변화도 일어나지 않게 된다.

그렇다고 아이들의 실수와 위반 행위와 관련해 희망을 포기할 필요까지는 없다. 하지만 아이들의 문제에 접근하는 사람들이 아이의 심리에 관한 지식과 이해가 턱없이 부족하다는 현실을 감안한다면, 용기를 잃은 아이들의 문제에 대해 마냥 낙관적인 견해를 가질 수만도 없다.

그럼에도, 사람의 발달 단계에, 특히 어린 시절에 모든 것이 이상적인 방향으로 움직이지 않는다는 사실을 알아야 한다. 언제든 일탈이 일어날 수 있는 것이다.

우리 자신이 어린 시절로 돌아가서 그때 친구들을 한번 떠올려보라. 그러면 많은 위반을 저지른 것이 확인될 것이다. 그래도 그 친구들 대부분은 꽤 유능한 사람이 되어 있고 개중에는 아주 두드러신 인물도 있다.

어린 시절에 위반 행위가 얼마나 광범위하게 저질러지는지 확인하고 싶다면, 아마 피상적인 요약만으로도 충분할 것이다. 나는 간혹 학교에서 아무에게도 상처를 주지 않는 정교한 방법으로 아이들 사이에서 벌어지는 위반 행위에 대해 연구하려고 노력했다. 질문은 간단하다. 거짓말을 하거나 물건을 훔쳐본 적 있어요? 이름을 적지 않은 종이에 이 질문만 적었다.

대체적인 결과는 모든 아이들이 사소한 절도를 고백하는 것으로 나타났다. 재미있는 에피소드 하나는 이 설문에 참여한 어떤 여선생이 어린 시절에 도둑질한 일을 떠올렸다는 사실이다. 그러나 여기선 그런 질문의 복잡한 본질에 관심을 기울이도록 하자.

어떤 아이는 아이의 마음을 이해하는 방법을 아는 지적인 아버지를 두고 있고 또 많은 일에서 성공을 거둘 수 있다. 다른 아이는 똑같은 일을 이 아이보다 더 서툴게 하거나 엉터리로 했다가 금방 가족의 훈육이 자신에게 쏟아질 것을 떠올리면서 자신은 죄인이라는 느낌을 마음속으로 더욱 굳힐 수 있다. 그러므로 처벌의 본질에 나타나는 차이와 아이가 채택하는 구실의 차이 사이에 상관관계가 있다고 해도 전혀 놀랄 일이 아니다.

아이에게 너는 나중에 커서 절대로 훌륭한 인물이 되지 못할 것이라는 식으로 말하거나 범죄자의 성격을 타고났다는 식으로 말하는 것이 최악의 훈육법이다. 범죄의 유전성에 대해 말하는 과학자들도 있지만, 어쨌든 그 같은 생각은 미신에 속할 뿐이다. 따라서 현행 교육제도 안에는 아이들이 용기를 상실하는 단계에 따라 적용할 수 있는 방법이 없다고 볼 수 있다.

그래도 놀랄 건 하나도 없다. 우리가 여기서 아이의 정신생활에 나타나는 사실들에 관심을 기울이고 있기 때문이다. 아이의 정신생활을 이해할 수 있는 사람의 숫자는 아직 극히 작다.

아이의 용기 상실에 대해 이야기할 때면, 사람들은 대체로 학교에 다니는 시기를 떠올린다. 그러나 전문적인 관찰자는 용기 상실이 취학 전에 시작되는 예를 많이 제시할 수 있다.

아이들이 용기를 상실한 탓을 언제나 훈육으로 돌릴 수 있는 것도 아니다. 부모들에게 이런 식으로 이야기해 줄 필요가 있다. 부모들이 아무리 세심하게 주의를 기울이더라도, 교육 중에서 부모들이 전혀 모르거나 주목하지 않는 부분이나 다른 집단에서 비롯되는 부분이 부모들의 의식적인 교육보다 훨씬 더 큰 영향을 아이들에게 미친다고 말이다.

어쨌든 육아실로 들어오는 이런 외부 영향들은 인생과 환경의 모든 사건들과 조건들을 상징한다. 아이는 자기 아버지가 생계 수단을 벌면서 힘들어하는 모습에 강한 인상을 받는다. 그러면서 아이는 인생의 고난에 대해 말은 하지 않아도 몸으로 깨닫는다. 동시에 아이는 자신이 가진 부적절한 수단을 바탕으로,

말하자면 아이다운 해석과 경험을 바탕으로 어떤 생각을 품게 된다. 그러면 이 세계관은 아이에게 모든 것을 평가하는 척도가 된다.

아이는 자신이 서게 되는 어느 위치에서나 그것을 판단 기준으로 삼으며 거기서 필요한 추론을 끌어낼 것이다. 이 추론은 대개 틀리게 마련이다. 아이에겐 경험도 없고 추리력도 발달되지 않은 탓에 엉터리 추론을 하기 쉽기 때문이다.

그러나 여기서 열악한 사회 환경에서 역시 열악한 주거 환경에 사는 부모를 둔 아이가 받게 될 엄청난 인상을 머릿속으로 한번 그려보라. 이 인상과, 이 아이만큼 삶의 고난을 절실하게 느끼지 않는 아이의 인상을 서로 비교해 보라.

두 유형의 차이는 아주 뚜렷하다. 그렇기 때문에 아이의 얼굴 표정과 말하는 태도만을 봐도 그 아이가 어느 집단에 속하는지를 짐작할 수 있다. 삶의 어려움을 자주 목격하지 않은 아이가 삶을 대하는 태도는 자신감과 용기를 바탕으로 크게 다른 모습을 보일 것이고, 이 태도는 아이의 전반적인 품행에 아주 뚜렷하게 반영된다. 두 번째 유형의 아이는 세상과 쉽게 친해진다. 이 아이의 경우엔 세상의 고난에 대해 전혀 모르거나 고난을 보다 쉽게 극복할 수 있기 때문이다.

나는 프롤레타리아 계급에 속하는 아이들에게 가장 무서운 것이 무엇인지를 묻곤 했다. 그러면 거의 전부가 구타라고 대답했다. 달리 표현하면, 가족 안에서 벌어지는 일을 가장 두려워한다는 뜻이다. 폭압적인 아버지나 계부나 계모 밑에서 자란 아이들은 이런 두려움을 사춘기까지 품는다.

평균적으로 볼 때, 프롤레타리아는 용기를 더 많이 가진 부르주아보다 세상에 만족한다는 인상을 덜 준다. 이런 유감스런 태도의 상당 부분은 프롤레타리아가 삶과 처벌을 두려워하는 환경에서 성장했다는 사실로까지 거슬러 올라간다. 이 같은 사실은 아이의 내면에 비관적인 견해가 발달하도록 하는 최악의 독(毒)이다. 왜냐하면 아이들이 어릴 때 형성된 견해를 평생 끌어안고 가면서, 자신감을 상실하고 우유부단한 모습을 보일 것이기 때문이다.

어린 시절을 넘긴 뒤에 용기 있는 태도를 습득하려면, 시간과 에너지가 요구된다. 유복한 부모 밑에서 자라는 자식들은 무엇이 가장 무서운가 하는 질문에 대체로 학교 공부라고 대답한다. 이는 주변 사람들이나 아이 본인의 환경이 그 아이들을 놀라게 하지 않는다는 점을 보여준다. 이는 또 이 아이들은 자신이 무서워하는 과제와 공부가 있는 삶의 한 가운데에 서 있다는 느낌을 받고 있다는 점을 보여준다.

물론 이 대답을 근거로 우리는 학교에 학생들이 받아들일 수 없는 조건이 존재한다고 단정지을 수도 있다. 아이들이 삶을 용감하게 직면하도록 훈련시키지 못하고 단지 아이들에게 두려움만 주입시키는 그런 조건이 있을 수도 있는 것이다.

여기서 아이들이 취학 전에 용기를 잃는 문제로 돌아가도록 하

자. 삶에 대한 두려움을 불러일으키는 온갖 불쾌한 인간관계들이 떠올리게 하는 기분이 흥분 상태일 수 있다는 점을 고려한다면, 또 이웃을 적대적인 존재로 보는 분위기가 있다는 점을 감안한다면, 아이들이 명성을 얻거나 어른들이 종종 업신여기듯 깎아내리는 그런 존재가 되지 않기 위해 부단히 애를 쓴다는 사실이 확인되어도 전혀 놀랄 일이 아니다.

어느 교육제도에서나 똑같이, 아이를 진지하게 받아들이고, 아이를 평등한 존재로 다루고, 아이에게 수치심을 안기지 않고 아이를 조롱하지 않는 것이 가장 중요한 원칙 중 하나이다. 아이가 주변 환경에서 나오는 표현들을 단순히 그냥 느끼는 것이 아니라 억압적인 것으로 느끼기 때문이다. 허약한 사람의 감수성이 육체적으로나 정신적으로 스스로 강하다고 생각하는 사람들의 감수성과 다른 것과 마찬가지이다.

우리 어른은 아이들이 자기 형이나 부모가 매일 멋지게 처리하는 일을 자신은 해내지 못한다는 사실 앞에서 어떤 영향을 받는지에 대해 정확히 설명할 수 있는 입장에 있지 않다. 이 사실을 늘 명심해야 한다.

아이의 영혼을 읽는 능력을 발달시킨 사람은 모든 아이들은 자신의 권력과 중요성에 대한 욕구를 특별히 강하게 품고 있다는 사실을 깨달을 것이다. 그래서 아이는 자신이 영향력을 행사하는 중요한 존재로 보이기를 원한다. 자칭 어린 영웅은 모두가 갖고 싶어하는 권력의 한 특별한 예를 보여줄 뿐이다.

아이들 사이에 권력 욕구에 차이가 나는 현상은 쉽게 설명된다. 어떤 아이는 자기 부모와 조화롭게 살고 있다. 반면에 어떤 아이는 적대적인 태도를 곧잘 보이면서 자신은 아무런 존재도 아니고 전혀 아무 역할도 하지 못하며 상당히 무시당하고 있다는 감정에 굴복하지 않기 위해 사회의 요구에 적개심을 보일 수 있다. 만일 실제로 이런 단계에 이른다면, 아이는 자신이 중요성을 잃고 하찮은 존재가 되었다고 판단하면서 즉시 자신을 보호하는 작업에 착수하게 된다. 그러면 곧 아이가 용기를 상실했다는 사실을 보여주는 암시들이 매우 일찍부터 나타날 것이다.

나는 아이를 셋이나 죽인 다섯 살짜리 소녀를 만난 적이 있다. 다소 정신지체를 앓고 있던 소녀는 "범죄'를 저지르면서 언제나 다음과 같은 방법을 택했다.

소녀는 자기보다 어린 소녀들을 찾았다. 시골에 살았던 소녀는 함께 놀자면서 자기보다 작은 소녀를 데리고 가서는 강으로 밀어 버렸다. 그 같은 범죄가 발각된 것은 세 번째 아이가 죽은 뒤였다. 소녀는 정신병동에 수용되었다. 소녀는 자신의 행동의 사악함을 깨닫는 기미를 조금도 보이지 않았다. 소녀는 울다가도 곧잘 다른 주제로 넘어갔다. 전반적인 상황과 소녀의 동기의 본질에 대한 정보를 얻기까지 정말 어려움이 많았다.

소녀는 4년 동안 아들이 많은 집안의 막내로 지냈으며 지나칠 정도로 응석받이로 자랐다. 그러다 갑자기 소녀의 여동생이 생겨나자, 부모가 모든 관심을 갓 태어난 아이에게 쏟았고 따라서 막내

보다 나이가 많았던 소녀는 뒷전으로 밀려나게 되었다. 소녀는 이 같은 상황을 견뎌내지 못했다. 소녀는 어린 동생에 대한 증오심을 키웠지만 그 상황에서 그 미움을 분출시킬 수 없었다. 아기가 매우 조심스럽게 보살펴지고 있었고, 소녀도 쉽게 발각될 것이라는 사실을 알고 있었기 때문이다.

그래서 소녀는 증오심을 일반화시키며 그 미움을 다른 어린 소녀들에게 전이시켰다. 소녀에겐 자신보다 어린 소녀들은 모두 잠재적 적으로 여겨졌다. 어린 소녀들 모두에게서 소녀는 자신이 더 이상 어리광을 부리지 못하게 만든 어린 여동생을 보았다. 이런 감정을 느끼는 가운데 소녀는 어린 소녀들을 죽이는 단계에까지 이르게 되었다.

이런 아이를 짧은 시간 안에 정상적인 길로 올려놓으려는 시도는 모두 실패한다. 이유는 이런 아이들이 가끔 정신적 결함을 갖고 있기 때문이다. 이런 아이들의 경우엔 장기적인 치료를 준비해야 한다. 다양한 기법과 특별한 종류의 훈련을 통해서 아이에게 사회생활에 다시 참여할 수 있는 능력을 길러줘야 한다.

그러나 이런 예들은 정신적 지체와 연결되어 있기 때문에 전문가들의 관심을 그리 많이 끌지 못한다. 우리는 이런 예를 다소 생물학적 변이로 받아들여야 한다. 왜냐하면 그런 아이들이 어쩌면 인간 사회와 절대로 어울리지 않을 수 있기 때문이다.

그러나 용기를 잃은 아이들 중 절대다수는 정신적 결함을 갖고 있지 않다. 반대로, 재능이 탁월한 아이들이 종종 발견된다. 이 아이들은 한동안 상당한 진전을 이루며 어느 지점까지 능력을 발달시키다가 어떤 일로 한 번 크게 낙담한 뒤로 그 상태에서 벗어나지 못한 예들이다.

이런 아이들을 보면 공통점이 확인된다. 야망을 크게 키우면서도 그것을 겉으로 표현하지 않거나 다른 사람에게 무시당하거나 간과되는 것에 대단히 민감하게 반응하거나 소심한 모습을 보이면서 삶과 삶의 요구로부터 노골적으로 달아나지 않고 그 요구를 교묘하게 피하는 행태가 나타난다. 이런 몇 가지 특징을 바탕으로, 전체 그림을 그릴 수 있다.

자신의 능력을 벗어날 것 같은 어떤 일에 놀라면서 자신의 약점을 가릴 수 있을 것 같은 다른 길을 시도할 줄 아는 아이는 분명히 야망을 가진 아이이다. 학교에서 용기를 상실하는 아이는 대체로 이런 과정을 밟는다. 이런 식의 용기 상실은 이미 일어났거나 일어나려 하는 어떤 실패와 연결되어 있으며, 처음에는 학교에 결석하는 것으로 나타난다. 그러나 무단결석을 가족에게 숨겨야 하기 때문에, 당연히 먼저 거짓 사유가 제시되고 나중에는 부모의 사인이 위조된다.

하지만 아이는 학교에 가지 않는 시간에 뭘 하는가? 분명히 할 일을 찾아야 한다. 대체로 보면 같은 길을 걷고 있는 아이들과의 연대가 이뤄진다. 똑같은 운명에 압도된 아이들이 함께 모이는 것이다. 이 아이들은 대체로 야망이 대단히 크고 어떤 역할을 맡기를 갈망하지만 스스로 인간적인 노력을 통해서 그 역할을 맡을 수 있다고 믿지 못한다. 따라서 이 아이들은 자신들에게 만족감을 안겨 줄 활동을 추구한다.

어떤 아이들은 리더십을 훌륭하게 발휘하면서 제대로 활동하다가 갑자기 경쟁심이 시드는 모습을 보인다. 이런 아이들은 자신이 어떻게 해야 하는지를 어렴풋이 알고 있다. 자기보다 나이가 많은 아이들의 행동을 모방하면서, 이 아이들은 용기를 잃은 집단에 적용할 윤리 규범 같은 것을 개발할 것이다. 이 아이들은 동료들의 눈에 자신들이 중요하게 비칠 행동이 어떤 것인지에 대해 열심히 생각할 것이다. 그런데 이 행동에는 거의 언제나 속임수가 동원된다.

이 아이들은 소심해서 자신을 믿지 못하는 탓에 공개적으로 행동하지 않는다. 이 길로 한번 들어섰다 하면, 되돌아서는 것은 거의 불가능하다. 이따금 정신 지체를 가진 소년들이 이 집단에 가담한다. 이런 아이들은 속고 조롱을 당하며, 그러다 보면 자존심이 발동하여 예외적인 노력과 행동을 보이게 된다. 아니면 이런 아이들은 그런 취급에 익숙해지면서 복종하게 되고, 그러면 아이들의 임무는 명령을 제대로 수행하는 것이 된다.

어떤 아이가 구체적인 위법 행위를 계획하면, 경험이 없고 열등하고 나이가 어린 다른 아이들이 그 계획을 실행하는 예가 자주 보인다. 사악한 내용의 책이나 영화 같은 유혹에 대해서도 분명히 할 말이 있지만, 나는 그런 유혹에 대한 언급은 피할 생각이다. 그런 유혹이 강력한 힘으로 작용하는 것은 나이가 어느 정도 든 뒤의 일이기 때문이다. 탐정 영화든 범죄 영화든 영화도 주제 선정에서 특별한 기술과 재능을 발휘해 청중을 자극하지 못했다면 아마 지금처럼 살아남지 못했을지도 모른다. 영화에서 속임수와 교활함이 과도하게 평가받고 있다는 사실에, 삶을 직면하길 꺼리는 소심함이 표현되고 있다.

갱단 조직이 아주 흔하게 이뤄지고 있다. 그러다 보니 용기를 잃은 아이들을 떠올릴 때면 가장 먼저 갱단부터 그려진다. 그러나 집단과 완전히 별개인 개인이 용기를 상실하는 예도 꽤 자주 보인다. 그런 아이의 삶도 앞에서 묘사한 삶과 아주 비슷하다.

여기서 이런 사실을 명심하도록 하자. 위에 묘사한, 집단적 용기 상실의 경우에 개인들이 어떤 좌절을 겪거나 좌절이 예상되자마자 운명이 불길해진다는 사실을 말이다. 한 사람의 개인에 대해서도 똑같이 말할 수 있다. 거의 무의식적으로 산다고 할 만큼 단순한 사람도 까다로운 사람과 마찬가지로 이 법칙의 적용을 받는다.

아이가 발달 과정에 옆길로 일탈하게 만드는 것은 언제나 아이의 자존심에 상처를 입히는 일이나 웃음거리가 되지 않을까 하는 두려움, 그리고 권력이나 권력을 행사할 의지가 약해졌다는 감정이다. 이런 아이들을 보고 있으면 마치 중요하지 않은 부차적인 행동 분야를 고의로 찾고 있는 것처럼 보인다.

아이들의 용기 상실은 종종 특별한 형식의 게으름으로 나타난다. 그런 경우에 그 게으름을 타고난 것으로 보거나 습득된 나쁜 버릇으로 보아서는 안 된다. 그보다는 시험을 당하는 상황을 모면하려는 방법으로 보아야 한다.

게으른 아이는 언제나 게으름을 핑계로 델 수 있다. 시험 성적이 좋지 않아도 그건 게으름 탓이다. 그런 아이는 자신의 실패를 무능력보다 게으름 탓으로 돌리길 좋아한다. 따라서 아이는 범죄 경험이 다양한 범죄자처럼 알리바이를 입증해야 한다는 느낌을 강하게 받는다. 아이는 매번 자신의 실패는 게으름 때문이라는 점을 보여줘야 한다. 그러면 아이는 여전히 성공할 수 있는 아이로 남을 것이다. 아이의 게으름은 아이의 실패를 덮어주고, 아이의 자만심을 살려준다는 측면에서 보면 아이의 정신 상태가 향상된다고 볼 수 있다.

우리는 학교의 단점을 잘 알고 있다. 과밀한 학급, 교사들의 불충분한 훈련, 교사들의 관심 부족 등이 문제점으로 꼽힌다. 교사들은 경제적 사정 때문에 힘들어하고 있으며 그래서 그들에게 더 많은 것을 기대하기가 어렵다.

그러나 학교가 안고 있는 최대의 문제점은 아이의 심리적 발달에 무지하다는 사실이다. 지금까지 교사와 학생의 관계가 다른 분야의 관계보다 훨씬 더 절망적이었던 이유도 바로 거기에 있다. 학생이 잘못을 저지르면, 그 학생은 처벌을 받거나 벌점을 받는다. 그건 의사가 골절상을 입은 환자를 진찰해 놓고는 "뼈가 부러졌군요! 잘 가세요!"라고 말하는 것이나 다를 바가 없다. 그건 분명히 교육의 목적이 아니다.

대개 아이들은 이런 무서운 상황에서도 스스로를 돌보며 앞으로 나아가겠지만, 아이들의 발달에 생긴 결함은 어떻게 한단 말인가? 아이들은 틀림없이 앞으로 나아갈 것이지만 어느 지점에 이르면 그 결점 때문에 더 이상 앞으로 나아가지 못하게 될 것이다.

대단히 훌륭한 아이가 앞으로 전진하는 것이 대단히 어렵다는 사실을 깨닫는 것은 슬픈 일이 아닐 수 없다. 그런 어려움이 쌓이고 아이가 그 무게에 짓눌리다 보면, 다른 사람들이 다 해내는 임무를 왜 나는 못할까, 하는 감정이 일어나고 결국에는 자존심이 큰 상처를 입게 된다. 물론 많은 아이들은 이 고비를 넘긴다. 그러나 이 고비에서 엉뚱한 행동 분야를 기웃거리는 아이들도 많다.

따라서 개인의 용기 상실도 집단의 용기 상실과 똑같은 방식으로 일어난다. 마찬가지로, 여기에도 열등감과 부적절감, 수치심이 다른 어떤 요소보다 더 뚜렷하게 작용한다.

어떤 외동아들의 예를 들고 싶다. 이 아이의 부모는 아이 교육에 수고를 아끼지 않았다. 아이는 이미 다섯 살 때부터 부모가 집을 나서면서 금고를 잠그는 것을 대단한 모욕으로 느끼고 마스터키를 확보해서 금고를 뒤지는 데 성공했다. 소년은 독립을 추구하려는 욕구에서 이런 행동을 했으며, 권력을 행사하려는 소년의 의지는 부모와 사회의 법에 대한 적대감으로 나타났다. 열여덟 살이 된 지금도 소년은 부모 몰래 자기 집에서 절도 행위를 일삼고 있다. 소년의 부모가 아들의 절도 행위를 잘 알고 있는데도 말이다.

소년의 아버지가 아들에게 "이런 행동이 너에게 무슨 도움이 된다고 그러냐? 네가 훔칠 때마다 다 알고 있는데."라고 타이를 때, 소년은 자기 아버지가 스무 건 중에서 한 건을 모른다는 사실에 희열을 느끼면서 필요한 건 걸리지 않을 만큼 현명하게 행동하는 것뿐이라고 확신하며 도둑질을 계속했다. 이것은 아이와, 결과적으로 아이가 사회의 도덕규범과 반대되는 행동을 하도록 유인하는 부모 사이에 자주 벌어지는 투쟁의 한 예이다.

이 젊은이는 나중에 성인이 되면 스스로에게 그런 정신적 도움과 지원을 제공할 것이고, 그러면 그는 양심의 가책을 전혀 느끼지 않는 가운데 법을 위반할 것이다.

그의 아버지는 사업가이다. 아들에게 아버지의 공장을 방문하는 것을 허용하지 않았지만, 아들은 아버지가 수갑을 제조한다는 사실을 알고 있었다. 젊은이는 다른 사람들과 대화하면서 자기 아버지가 자기를 공격하는 것은 부당하다는 소리를 자주 했다. 자기 아버지도 자기가 하는 것과 똑같은 행위를 단지 큰 규모로 하고 있을 뿐이라는 식이었다. 여기서 우리는 다시 환경이 교육에 미치는 영향의 예를 보고 있다. 그런데 이 같은 영향에 대해 부모는 까마득히 모르고 있다.

프롤레타리아 계급에 속하는 예를 하나 제시하고 싶다. 여섯 살 된 사생아 소년은 결혼한 어머니의 집으로 들어갔다. 그의 생부는 행방불명이었으며, 괴팍하고 늙은 의붓아버지는 아이들에게 별로 관심이 없었음에도 자기 딸에게는 애정을 노골적으로 표현하며 껴안기도 하고 사탕을 사주기도 했다. 이 의붓아버지가 딸에게 사탕을 사줄 때면 소년은 소녀가 사탕 빠는 것을 그냥 지켜보는 수밖에 없었다.

그러던 어느 날, 상당히 많은 액수의 돈이 감쪽같이 사라졌다. 직후에 추가로 돈이 더 없어졌는데, 소년의 어머니는 아들이 범인이라는 것을 알았으며, 소년을 추궁한 끝에 사탕을 사는 데 돈을 다 썼다는 사실도 알아냈다. 소년은 과시 목적으로 사탕을 사서 친구들에게 나눠주었다. 이것은 엉뚱하고 부차적인 행동 분야의 또 다른 예이다.

이 행동 분야는 어떤 대가를 치르더라도 승리하고 명성을 얻겠다는 목적에 이바지하게 된다. 도둑질이 여러 차례 일어났고, 회초리로 때리는 벌이 따랐다. 의붓아버지는 소년을 용서하지 않았다.

나는 이 아이를 직접 보았다. 온몸에 회초리 자국이 선명했고, 꼬집힌 흔적과 멍투성이였다. 그러나 처벌에도 불구하고 예상할 수 있는 바와 같이 도둑질은 그치지 않았다.

소년의 어머니가 다소 서툴렀던 것은 사실이다. 그녀가 아들이 도둑질을 쉽게 하도록 만들었기 때문이다. 하지만 그런 상황에서 이해력을 발휘할 수 있는 어머니가 과연 얼마나 되겠는가? 분석 결과, 소년은 그 전까지 늙은 여자 농부의 보살핌을 받았다. 그때

이 농부는 이웃 마을을 방문할 때면 언제나 아이를 데리고 다니면서 아이에게 수시로 사탕을 사주었다.

그러던 중에 아이가 새로운 환경으로 옮겨졌고, 거기서 아이는 자신이 예전의 집에 비해 훨씬 더 불리한 상황에 처했다는 사실을 확인했다. 어린 여동생은 언제나 어리광을 부리는데도 사랑을 듬뿍 받고 사탕까지 먹으며 지냈다. 그런데 소년에겐 사랑은커녕 사탕조차도 주어지지 않았다. 소년이 새로 정착한 환경 안에서 주변의 관심을 끄는 존재는 어린 소녀였지 소년이 아니었다. 소년은 학교에서 공부를 아주 잘 했다. 소년의 불량 행위는 정확히 소년이 적으로 여겨지는 바로 그 환경 안에서 일어났다. 용기 상실은 복수의 효과를 발휘하며 이 소년에게 심리적 위안을 안겨주었다.

여기서 다시 용기를 상실한 사람들의 위반 행위는 다수의 이름으로 행동할 때를 제외하고는 적극적이고 용기 있는 그런 행위가 아니라는 사실을 강조하고 싶다. 이 같은 사실은 다시 그들의 소심함을 말해준다. 그들이 즐겨 저지르는 위반 행위가 절도인데, 훔치는 거야말로 기본적으로 겁쟁이의 범죄가 아닌가.

아이들과 사회의 관계와 아이들이 사회에서 차지하고 있는 위치를 명확하게 이해하길 원한다면, 두 가지 사항을 명심해야 한다.

첫째, 아이들의 야망과 허영은 권력과 우월에 대한 갈망을 보여주는 신호이며, 따라서 아이들은 발달의 주요 경로가 차단되자마자 곁길을 추구하며 명성을 얻으려고 노력한다는 점이다.

둘째, 아이들과 동료들의 관계가 다소 결함을 안고 있으며, 그러기에 아이들은 서로 훌륭한 동료가 아니며 사회에도 쉽게 적응하지 못하고 심술쟁이 같은 태도를 보이며 바깥세상과 거의 접촉을 하지 않는다는 점이다.

이따금, 그런 아이들이 자기 사람들에게 보이는 사랑은 의미 없는 가식이거나 단순한 버릇에 지나지 않는다. 이런 가식이나 버릇마저도 보이지 않는 경우도 종종 있으며, 그럴 때면 아이들은 심지어 자기 가족까지 공격할 수 있다.

그런 아이들은 사회적 감각이 부족한 사람들, 동료들과 접점을 찾지 못하고 동료들을 적대적으로 보는 사람들의 역할을 한다. 그들 사이에 의심의 특징이 매우 흔하게 보인다. 그런 아이들은 다른 사람들이 자신을 이용하지 않도록 하기 위해 언제나 경계심을 늦추지 않는다.

나는 이런 아이들이 자신은 비양심적으로 살아야 한다는 식으로 말하는 소리를 자주 들었다. 다시 말해, 남들보다 반드시 우월해야 한다는 뜻이었다. 이런 아이들이 맺고 있는 인간관계엔 틀림없이 의심이 작용할 것이기 때문에, 이 아이들과 함께 사는 것이 더욱 어려워진다. 자기 자신에 대한 믿음이 약하기 때문에, 소심한 핑계거리가 저절로 생겨나게 된다.

이제 결정을 내려야 할 문제는 이것이다. 권력에 대한 이 같은 갈망과 결함 있는 사회적 의식은 서로 다른 원인들 때문에 생기는 것인가? 그렇지 않다고 확실히 대답할 수 있다. 왜냐하면 그것들이 똑같은 심리적 태도의 양면을 보여주고 있기 때문이다.

권력에 대한 갈망이 존재하는 곳에선 반드시 협동의 느낌이 상처를 입게 되어 있다. 권력 욕구에 사로잡힌 사람이 오직 자기 자신에 대해, 자신의 권력에 대해, 자신의 명성에 대해서만 생각하면서 타인을 완전히 무시하는 식으로 행동할 것이기 때문이다. 만일 어떤 개인이 협동의 감정을 발달시키는 데 성공한다면, 용기를 상실하는 것을 막을 최선의 방법이 확보된 셈이다.

우리 시대처럼 용기 상실이 심각한 시대에 무엇을 해야 하는지에 대해서는 아직 나도 연구 중이다. 올바르고 적절한 대응은 즉시 행동하는 것이다. 완전한 평화를 누리던 시대에도, 우리 문명은 용기 상실과 범죄를 효과적으로 관리하지 못했다. 우리 문명은 단순히 처벌하고, 복수하고, 사람들을 놀라게 만들었을 뿐 문제 해결에는 전혀 성공하지 못했다.

우리 문명은 용기를 잃은 사람들과 어느 정도 거리를 두었다. 그러니 용기를 잃은 사람들의 무서운 운명이 어떨지 한번 상상해보라. 그들의 외로움이 그 자체로 그들을 범죄의 소굴로 몰아붙였을 것임에 틀림없다.

사람들이 범죄를 저지르는 이유는 단지 그들이 접촉을 잃기 때문이다. 그래서 그들은 상습적인 범죄자로 변해간다. 예를 들어, 범죄 행위를 조사하는 동안에 용기를 잃은 사람들을 같은 부류의 사람들이나 범죄자들과 함께 지내도록 하는 것은 어리석기 짝이 없는 짓이다.

범죄 중 40% 가량이 발각되지 않는 것으로 추산된다. 용기를 잃은 사람들 사이에선 그 비율이 더 높을 것이다. 얼마 전에, 어떤 젊은 살인자가 유죄 판결을 받았는데, 그의 변호사는 그것이 그의 두 번째 살인이라는 사실을 알고 있었다. 범죄자들이 서로 만나면 발각되지 않은 범죄 횟수를 놓고 많은 이야기를 나눈다. 이 같은 사실은 당연히 범죄 퇴치를 더 어렵게 만들고 있으며, 범죄자에게 끊임없이 용기를 새롭게 불어넣게 된다.

사회가 취하는 태도의 유형에도 사악한 면이 두드러지고 있다. 법원과 경찰은 근본적이지도 않고 결정적이지도 않은 다른 문제에 관심을 쏟고 있으며, 따라서 어떠한 목적에도 이바지하지 못하고 있다. 상황을 개선시키기 위해 가장 먼저 필요한 것이 보다 인간미 있는 요원들이다. 용기를 잃은 아이들을 돌보고, 그들을 다시 삶의 현장으로 안내할 기관들이 설립되어야 한다.

용기를 잃은 아이들을 사회와 단절시켜선 안 된다. 반대로 그들이 사회에 보다 잘 적응하도록 유도해야 한다. 용기를 잃은 아이들의 특성을 충분히 이해하기만 하면 그 같은 결과는 저절로 나타나게 되어 있다. 어떤 인물(예를 들면, 은퇴 장교)에게 혜택을 안겨주려는 이유 하나만으로 낙하산 인사 식으로 그 사람을 이런 기관의 책임자로 임명한다면, 그런 기관이 성취할 수 있는 것은 하나도 없다. 공동체 감각이 탁월하고 자신의 보살핌에 맡겨진 사람들을 충분히 이해할 수 있는 사람들이 그런 기관의 책임을 맡아야 할 것이다.

내가 주장하는 핵심은 이것이다. 한 사람이 다른 사람의 적(敵)인 그런 문명에선 용기를 잃는 현상을 근절하는 것은 불가능하다. 왜냐하면 산업화된 문명에서 알려진 바와 같이 용기 상실과 범죄가 생존을 위한 투쟁의 산물이기 때문이다. 이 투쟁의 그림자는 상당히 일찍부터 아이의 영혼 위로 드리워지며, 아이의 몸가짐을 깨뜨리고, 위대함에 대한 갈망을 촉진시키고, 아이를 비겁한 존재로 만들고 협동을 모르는 존재로 만든다.

이 같은 용기 상실을 제한하고 해소하기 위해선 치료 교육학이라는 강좌가 만들어져야 한다. 그런 강좌가 여태까지 만들어지지 않은 이유를 나는 도무지 이해하지 못하겠다. 오늘날 이 문제에 대해 진정으로 이해하고 있는 사람은 정말 드물다. 어떤 식으로든 이 문제와 연결되는 모든 사람들은 능동적으로 나서야 한다. 기관 자체는 용기 상실을 막고 해결하는 데 필요한 정보를 제공하는 그런 교류의 성격이 강해야 한다.

덧붙여 말하자면, 자문적인 성격의 카운티 기관들은 증상이 가벼운 환자들을 위해 활동해야 한다. 심각한 환자들의 경우엔 환자들의 친척들이 치료 방법을 제안해야 한다. 환자 자신은 치료법을 절대로 찾지 못할 것이기 때문이다.

끝으로, 선생들은 개인 심리학과 치료 교육학을 잘 알아야 한다. 그래야만 선생들이 처음부터 용기 상실의 신호를 제때 잘 파악해서 아이들의 문제에 개입함으로써 위험을 싹부터 잘라낼 수 있기 때문이다.